KB058656

지중해 부자처럼
주식 투자하라

5000억 자산가 지중해 부자의 투자 시크릿

지중해 부자처럼 주식 투자하라

박종기 지음

알에이치코리아

10-10-10의 법칙

당신이 주식 투자를 배우겠다면 '10-10-10'이란 숫자를 잘 기억해야 한다. 이는 주식 투자를 가르쳐줄 수 있는 사람의 조건이 되는 숫자이기 때문이다.

10년 이상 투자한 사람일 것.
10억 원 이상 주식을 운용하는 사람일 것.
10% 이상의 수익을 연평균 달성한 사람일 것.

이것은 최소한의 조건이고 이보다 더 높은 조건을 갖춘 사람이 있다면 어떻게든 그에게 투자를 배워야 한다.

주식 투자에 관심이 생겨 유튜브를 보며 공부도 하고, 주식 투자 카페에 가입해서 고수라고 칭하는 사람들의 기법도 배웠다. 관련된 책도 읽었고 보조 지표와 차트도 볼 수 있게 되었다. 준비를 마쳤으니 그동안 모아놓은 500만 원으로 주식 투자를 시작했다. '용돈 정도만 벌자'라는 소박한 마음과 '나도 돈을 벌 수 있을 것'이라는 자신감이 더해져 주식 시장에 발을 들여놓은 것이다. 그동안 배우고 익힌 모든 방법과 정보를 동원했다. 하지만 이상하게 잔고는 500만 원에서 멀어져 갔다. 잃은 돈을 만회하기 위해 몇백 퍼센트 수익을 낸다는 유료 회원 카페에 가입도 했지만 결국 1년도 못 버티고 절반만 건진 채 주식 시장을 나와야 했다.

이 이야기에 공감한다면 왜 이런 일들이 반복되는지 생각해봐야 한다. 유튜브나 주식 카페를 운영하는 그 어떤 사람도 '10-10-10' 조건을 갖추지 못했기 때문이다. 나는 지금까지 그런 조건을 갖춘 사람이 매체를 통해서 노하우를 알려주는 것을 본 적이 없다. 어쩌다 추천한 종목이 급등을 할 수 있겠지만 장기적인 관점으로 볼 때 그들은 주식 투자로 돈을 벌게 해주는 사람이 아니라, 그저 광고 수입이나 유료 회비만 걷으려는 사람들이다.

나는 2008년부터 본격적인 주식 매매를 시작했으니 10년 이상의 경험을 통과했고, 현재 투자 회사에서 운용하는 자금은 10억 원보다 훨씬 많으며, 수익률은 연평균 10% 이상이니 조건은 갖춘 셈이다.

주식 투자로 돈을 못 버는 이유

강의를 하다 보면 빠지지 않는 질문이 있다. 바로 '좋은 종목'을 알려달라는 것이다. 여기서 좋은 종목이란 당장 오를 종목을 말한다. 분위기상 어쩔 수 없이 종목을 알려줬는데 수익률이 자꾸 내려갔다. 주식을 산 사람이라면 분명 나를 원망할 것이고 욕을 한바가지 해대며 손실을 머금고 팔았을 것이다. 본인은 책임이 없고 오롯이 알지도 못하면서 떠들어댄 나를 잘못 만난 것이다. 1년이 지났을 때 내가 알려줬던 종목이 오르기 시작했다. 그것도 아주 많이 올랐다. 질문을 했던 사람은 그 종목을 생각하기도 싫겠지만 대부분의 주식은 이렇듯 알 수 없는 곳으로 한참을 떠돌다 올라갈 땐 금세 올라간다. 그분은 지금도 다른 강연장에서 당장 오를 종목만을 찾고 있을 것이다.

주식과 관련된 정보가 흘러넘치는 시대가 되었다. 차트 보는 법, 기술적 분석, 기업의 매출과 영업 이익을 비롯한 재무제표도 인터넷을 통해 쉽게 찾을 수 있다. 증권사나 주식 정보 업체에 가면 손쉽게 추천 종목도 알려준다. 돈을 내고 무조건 따라만하면 되는 리딩 서비스도 받을 수 있다. 한마디로 누구나 편하게 주식 정보를 취득하고 노하우를 배울 수 있는 시대가 된 것이다. 이렇게 좋은 환경인데 왜 당신은 주식 투자로 돈을 못 벌고 있을까? 투자자라면 진지하게 고민해봐야 한다.

투자의 대가들을 보자. 투자계의 살아 있는 전설 워런 버핏이 우리보다 더 많은 정보와 고급 기술을 잘 알고 있어서 큰 성공을 거두었을까?

아니다. 우리와 비슷한 정보와 기술을 갖고도 성공을 거둘수 있었던 건 바로 '투자하는 태도와 정신력'이 다르기 때문이다. 10명에게 똑같은 주식을 알려주면서 사고팔도록 했다. 얼마에 사고팔지는 각자의 몫이고 수익률이 높은 순서대로 포상하기로 했다. 1년이 지났을 때 이들의 수익률은 어떠했을까? 결론은 완전히 다른 수익률이 나왔다. 손실을 피하기 위해 조금 내리면 바로 파는 사람이 있고, 높은 수익을 위해 마냥 기다리다 기회를 놓치는 경우도 있고, 또 어젯밤 과음으로 늦게 출근하는 바람에 매매 타이밍을 놓친 사람도 있었다. 같은 정보를 갖고도 트레이더의 태도와 정신 상태에 따라서 완전히 다른 결과가 나오는 것이 주식 시장이다.

책을 쓰는 이유

추석 연휴가 끝날 무렵 사무실에 들렀다. 조용한 사무실에서 눈에 띈 것은 회사 전화기의 알림 창이었다. 무려 30통이 넘는 전화가 부재중으로 표시되어 있었다. 확인해보니 모두 한사람의 전화였다. 명절에 이렇게나 많이 전화를 했다면 분명 무슨 일이 생긴 것이었다. 전화를 걸어보니 60대 여성분이 망연자실한 목소리로 나를 찾고 있었다. 사연인즉슨, '박종기'를 사칭한 사람에게 투자해서 사기를 당했고, 그 금액이 무려 3억 원이 넘는다고 했다. 명절에 그 소식을 들은 식구들은 박종기라는 사람을 찾아서 확인하라고 요구했고 회사 홈페이지에 있는 전화번호로 나를 찾은 것이다.

투자를 하기 전에 전화하시지 그랬냐고 했더니 크게 한숨만 쉬며 '내가 미쳤었다.'고 했다. 바로 경찰서에 신고했지만 돌이킬 수는 없었다. 그 후로 비슷한 전화를 계속 받아야 했다. 지금까지 피해액만 수십억에 이르고 피해 방지를 위해 온갖 노력을 했지만 간사한 그들의 수법을 막을 수는 없었다. 큰돈을 벌게 해주겠다는 그들의 말에 욕심을 낸 건 이해가 되지만 달랑 내 사진 한 장을 보고 돈을 입금하는 건 도저히 이해가 되지 않았다.

고민 끝에 결정을 내렸다. 그동안 10권의 책을 쓰면서 돈과 부자에 대한 대부분의 것들을 알려주었기에 더 이상의 집필은 생각지도 않았다. 하지만 나를 사칭한 사람에게 피해를 본 사람들이 늘자 직접 나서는 방법밖에 없었다. 이때부터 책을 쓰고 주식 투자에 도움을 주는 일을 하기 시작했다.

이 책은 주식 투자에 대한 특별한 방법이나 기법을 알려주는 것이 아니라 그동안 주식 투자를 하는 과정에서 직접 경험하고 배운 바를 알려주는 내용들로 채워져 있다. 나는 주식 시장에서 누구와 견줘도 지지 않을 만큼 실패를 겪었고 쓰라린 고통을 경험했고 그런 과정을 거치고 나서야 안정적인 투자를 할 수 있게 되었다. 오랫동안 투자를 하려면 그 험한 과정을 깨닫고 배워야 한다. 훌륭한 투자자를 따라 해도 좋고, 나처럼 실패한 경험을 거울삼아도 좋다.

현재 나는 투자 일임 회사를 설립해 운영하고 있다. 우리 회사는 국내 유수의 금융 기관과 고액 자산가들에게 투자 자산을 일임받아 운용을 하고 그에 대한 보수를 받는다. 난다 긴다 하는 투자 회사들도 우리 회사의 수익률을 보고는 연일 계약서를 들이민다. 수익률이 높아서가 아니라 꾸준히 수익을 올리는 점이 마음에 든 것이다.

주식이야 사고팔면서 수익을 내면 된다고 쉽게 생각하겠지만 결코 그렇지 않다. 주식 투자에 관심이 있거나 이미 하고 있는 사람이라면 곰곰이 생각해보라. 과연 내가 주식 투자를 할 수 있는 사람인지 아닌지.

주식 투자를 할 수 있는 사람이란, 주식 투자에 올바른 태도로 임하고 어느 순간에도 무너지는 않는 강인한 정신 상태를 갖춘 사람을 말한다. 그런 사람들에게 그렇지 못한 사람들이 십시일반 돈을 모아서 수익이라는 이름으로 보상을 해주는 곳이 바로 주식 시장이다. 올바른 태도와 강인한 정신력은 하루아침에 이루어지지 않는다. 꾸준한 경험과 깨우침, 노력으로 만들어진다. 그래서 주식 투자가 어려운 것이다. 이 책이 여러분을 '주식 투자를 할 수 있는 사람'으로 발전시키는 데 도움이 되길 간절히 바란다.

지중해 부자

전작《지중해 부자》가 출간된 지 한참이 지났는데도 아직까지 많은 독자들에게 편지를 받고 있다. 무척 기쁘고 감사한 일이다. 많은 분들이 그분의 안부를 궁금해 하신다. 지중해 부자는 은퇴 후 지중해가 한눈에 내려다보이는 스페인에 있는 언덕 위의 집에서 잘 살고 있다. 가끔 심심하면 홍콩에 나타나기도 하고 더 심심하면 요즘 푹 빠져 있는 코스타리카에서 몇 달간 지내기도 한다. 갈수록 더 건강해져서 어쩌면 나보다도 더 오래 살 것 같은 좋지 않은 예감이 들 때도 많다.

매년 홍콩에서 만나는데 무시하는 말투는 여전하다. 만날 때마다 기분이 상해서 다시는 안 보겠다고 다짐을 해도 연락이 오면 이상하게 강아지마냥 꼬리치며 달려가게 된다. 작년에 만났을 때는 그동안 돈을 잘 벌어서 금융 투자 회사를 설립했다고 자랑했더니 대뜸 '다음번에 만나면 쫄딱 망했다고 하겠구먼!'이라며 누레진 이빨을 드러내고 실룩실룩 비웃었다. 그래서 올해는 만나지도 않았다. (사실은 코로나19 때문에 못 만났다.) 얼마 전엔 '내가 투자해줄까?'라고 문자가 왔기에 그러시라고 했더니 싫다고 했다. 어찌나 얄밉던지 코로나만 아니었으면 지중해까지 쫓아갈 판이었다.

그의 홍콩 투자 회사 사무실의 모든 전화기에는 특정 단어가 적힌 스티커가 눈에 잘 띄도록 붙어 있다. 트레이딩 룸에는 모니터 주변 곳곳에 같은 글자가 적힌 액자가 달려 있다.

Attitude

그는 말한다.

"주식은 말이야, 돈 몇 푼 벌고자 하는 수단이 아니라 내 재산을 꾸준히 증식시키는 좋은 방법인 게야, 그 방법을 어떤 태도로 대하느냐에 따라 결과는 완전히 달라지지."

그는 주식을 단순히 사고팔면서 수익에 집착하지 말고, 장기적으로 보유해서 재산을 늘리라는 말을 항상 했다. 그분의 부자 마인드를 소개한 전작《지중해 부자》를 먼저 읽는다면 이 책을 이해하는 데 많은 도움이 될 것이다. 꼭 읽어보길 바란다.

끝으로 금융 투자의 길에 큰 힘이 되고 있는 칭리첸, 리워쌍 법인장과 함일덕 회장님, 박현주 회장님 그리고 같은 꿈을 향해 나아가는 홍영옥 이사님께 깊은 사랑과 감사를 전한다.

박종기

차례

STORY 1
주식 투자의
유혹

투자를 반드시 해야 하는 시대가 되었다. 은행 이자가 2%에도 못 미치니 열심히 저축을 해봐야 물가 상승률도 못 따라가고, 많지 않은 종잣돈을 어떻게든 불려야 하니 수익률이 높은 곳에 투자를 할 수밖에 없다. 일반인들의 투자 분야는 크게 부동산과 주식 투자 중에 선택할 수 있다. 부동산은 목돈이 있어야 하지만 주식은 단 10만 원만 있어도 투자가 가능하기에 남녀노소 할 것 없이 누구나 시작할 수 있다. 적은 돈으로 큰돈을 벌 수 있다는 곳, 이것으로 주식의 유혹이 시작된다.

군대를 제대하고 호주에 갈 일이 있었다. 준비를 하던 중 한 남자를 알게 되었는데 주식 투자에 무척 관심이 많은 두어 살 많은 형이었다. 입만 열었다 하면 주식 얘기를 했고 호주로 출발하기 전에 J라는 종목을 꼭 사두라고 했다. 15대 대선에서 당시 김대중 후보가 무조건 대통령에 당선될 것인데 가장 수혜를 많이 볼 회사라고 했다. 호주에서 돌아오면 최소 2배에서 10배까지도 수익이 날 거라고 했다. 주식에 대해 전혀 몰랐던 나였지만 이렇게 확실한 기회를 안 잡는 건 미련한 짓이고, 평생 돈 없이 살려면 안 사도 된다는 그의 말 한마디에 곧장 증권사로 달려가서 복학할 때 쓸 학자금으로 J라는 수식을 샀다. 그의 말대로만 된다면 1년 동안 아르바이트를 안 하고도 실컷 놀 수 있는 돈을 벌 수 있었다.

부푼 마음으로 호주로 떠났다. 인터넷이 없던 시기라 주가는 알 수 없었고, 얼마 후 그의 말대로 김대중 후보가 대통령에 당선되었다는 소식을 들었다. 3개월 뒤 한국으로 오면서 부모님 선물을 더 많이 못 산 게 후회스러웠다. 한국에 도착하자마자 일간지 신문을 사서 떨리는 손으로 주식 시세 면을 펼쳐 들었다. 그런데 아무리 찾아봐도 내가 산 회사가 보이질 않았다. '회사가 너무 많아서 다 싣지를 못했구나.'라고 생각하고 증권사에 전화를 했더니 '없는 번호'라는 친절한 안내 음성이 들려왔다. 그때 알았다. 회사가 없어지기도 한다는 것과 증권사도 망한다는 사실을. 이를 전문 용어로 '상장 폐지'라고 부른다는 것을, 어느 증권사의 나이는 나보다 한참 많았지만 나의 이상형처럼 보였던 직원에게 들어야 했다. 이것이 IMF 때의 나의 첫 주식 투자 경험담이다. 돈을 벌 수 있다는 그의 유혹에 빠져 편안하게 돈을 벌려다가 얼마나 고생을 했는지, 부모님께 말도 못 하고 미련한 내가 죄인이었다.

지중해 부자와의 인연으로 홍콩 투자 회사인 위즈덤 인베스트먼트WISDOM INVESTMENT 라는 곳에 처음 출근했을 때의 일이다. 일찍 나오라는 말을 듣고 7시쯤 사무실에서 그를 기다렸다. 직원들이 속속 출근했고 7시 30분이 되자 그가 나타났다. 그보다 먼저 출근을 해야 하니 항상 일찍 나와야 했는데, 어느 날 묘한 광경을 보게 되었다. 그가 건물 입구에서 서성거리다가 하늘과 땅을 번갈아보며 뭐라고 중얼거리는 것이다. 모른 척하고 사무실로 갔지만 며칠 뒤에도 그런 광경을 또 보게 되었다. '나이가 드니 정신이 나갔나?' 하는 생각도 들었지만 아침 회의 때는 분명 제정신이었다. 나중에 친해졌을 때 물어보니 '오늘도 직원들이 유혹에 빠지지 않게 해달라.'고 빌었다고 했다. 주식 투자에 산전수전을 다 겪은 그가 그런 행동을 할 정도로 주식 투자에 있어서 '유혹'은 치명적인 것이다.

주식 시장은 유혹으로 가득 차 있다. 돈이 돈을 벌게 한다는 유혹에서, 제대로 된 방법이나 정보를 알면 큰돈을 벌 것이라는 유혹까지, 한번 빠지면 오랫동안 머물게 되고 그런 유혹에서 빠져나오려면 큰 손실을 봐야 나올 수 있게 된다.

주식에는 세 가지 유혹이 있다.
1. 사람의 유혹
2. 정보의 유혹
3. 시장의 유혹
여기에는 돈을 벌게 해준다는 유혹이 기본적으로 깔려 있다.

사람의 유혹

주식은 대개 주변 사람으로부터 알게 된다. 누군가가 주식 투자로 돈을 벌었다는 소리를 들으면 이때부터 현혹이 시작된다. 이런 유혹이 반복되면 투자를 안 하는 내가 바보처럼 느껴지고, 가족의 만류에도 불구하고 돈을 벌 것이라는 유혹을 쉽게 뿌리치지 못한다. 주식하는 사람들의 특징 중 하나는 내가 산 종목을 주변에 알린다는 것이고, 또 다른 하나는 사실보다 부풀려서 얘기한다는 것이다. 여기에 잘된 종목만을 얘기하니 듣는 사람은 당연히 빠져들 수밖에 없다.

마흔을 갓 넘긴 옥이는 오랜만에 모임에 나갔다. 모임의 분위기가 주식 투자 얘기로 모아졌다. 그중에 주식으로 돈 좀 벌었다는 사람이 있었고, 그의 얘기를 듣다 보니 어떻게 그런 돈을 벌었는지 대단해 보이다가 존경스럽기까지 했다. 다들 그런 표정으로 바라보자 그는 더욱더 허풍을 떨며 사람들의 관심을 이끌어냈다.

"다음번엔 꼭 저희에게도 종목을 알려주세요." 헤어지면서 인사차 건넨 말이지만 그냥 한 말이 아니었다. 그는 아주 작게 고개를 끄덕이며 미소로 대답했다.

정보의 유혹

얼마 후 모임 단톡방에 주식으로 돈 좀 벌었다는 사람이 글을 올렸다. 주식을 사라는 말도 없이 그저 어떤 종목을 새로 샀다고만 했다. 몇 백만 원 사놓고는 몇 천만 원을 샀다고 부풀려서 얘기를 했다. 여기에 주가가 떨어질 때마다 추가로 매수할 것이며 이곳에만 특별히 알리는 것이니 절대 다른 사람에게는 비밀이라는 엄포까지 놓았다. 잠잠하던 단톡방에 벼락같은 글들이 쏟아졌다. 감사를 넘어 인생의 은인이라며, 한국의 워런 버핏이라는 말까지 나왔다. 그는 가장 어린 나이임에도 불구하고 순식간에 스승님이란 호칭으로 불렸다. 옥이는 생각이고 뭐고 할 것 없이 그 주식을 사야 했다. 통장에 있는 현금 200만 원과 비상금으로 모았던 500만 원을 더해서 주식을 샀다.

단톡방에서는 다들 얼마씩 주식을 샀다며 감사 인사가 올라오기 시작했다. 옥이는 700만 원을 샀지만 100만 원만 샀다고 말했다. 다들 그 정도만 샀다고 올렸기 때문이다. 수익이 나면 옥이에게 제일 많이 벌었으니 한턱을 내라, 스승님께 선물을 하라는 식의 소리가 부담스러웠고, 반대로 손실이 나면 큰 손실을 입어서 어떡하느냐의 동정을 받기 싫었기 때문이다.

옥이의 입이 근질거렸다. 휴대폰을 만지작거리며 '이 고급 정보를 누구한테 알려줄까나?' 즐거운 고민에 빠지게 되었다.

시장의 유혹

주식 시장이 폭락했다. 옥이가 얼마 전에 산 주식도 덩달아 폭락했다. 단톡방이 다시 주식 얘기로 들썩거렸다. 조용하던 스승님이 글을 올렸다. 시장이 폭락해서 어쩔 수 없다며, 오히려 기회이니 더 사라고 했다. 본인도 수천만 원어치를 더 샀다고 했다. 실제는 살 돈이 없어서 사지도 못했으면서 말이다. 스승님의 글을 읽고 옥이는 평소 들락거리던 포털 사이트의 주식 게시판에 올라온 글들을 자세히 읽었다. 스승님의 말대로 오히려 기회라는 얘기가 많았다. 몇 년에 한번 올까 말까 하는 '시장이 주는 절호의 기회'라는 말에 가슴이 떨렸고, 역사적으로 볼 때 조만간 V자 반등이 나올 거란 글에는 수많은 긍정적인 댓글이 달렸다. 옥이는 그게 무슨 말인지 자세히는 몰랐지만 이번 달 월급과 대출까지 받아가며 주식을 더 샀다. 곧 V자 반등이 나온다 하니 그 전에 팔면 카드값은 해결할 수 있었다. 만약 누구의 댓글처럼 반등이 크게 나온다면 이참에 10년도 더 된 조그마한 승용차를 바꿀 수 있다는 희망에 부풀었다.

'주식'의 '주'자도 몰랐던 옥이의 삶은 이때부터 주식과 한 몸이 되었다. 주가가 오르면 기분이 좋아져서 웃고 다녔고, 반대로 떨어지면 하루 종일 우울해야 했다. 수시로 주가 확인과 게시판 탐색을 하느라 휴대폰을 손에서 내려놓질 못했다.

한 달이 지났지만 그렇게 기다리던 강한 V자 반등은 나타나지 않았다. 대신 쌍바닥이라는 새로운 주식 용어를 몸소 체험해야 했다. 이번 달 카드값은 어떻게든 돌려 막았지만 다음 달엔 아무 대책이 없었다. 손해가 나도 주식을 파는 수밖에.

나 역시 주식 투자로 돈을 벌어보겠다는 신념으로 투자의 유혹에 빠졌지만 지금까지도 그 유혹에서 벗어나질 못할 때가 많다. 직업상 증권과 관련된 사람들과 자주 만나다보니 죄다 좋은 정보라는 주식 얘기를 한다. 얘기를 듣다 보면 당장이라도 주가가 오를 것 같아서 빨리 사고 싶어지고, 어쩔 땐 점심 먹는 시간조차 아까울 정도로 마음이 급할 때도 있다. 하지만 그렇게 서둘러 산 주식치고 제대로 돈을 벌게 해준 적이 없다. 그 소문을 나만 들었겠는가? 나 같은 사람까지 주식을 사니까 주가는 잠깐 오르지만 이내 다시 떨어지는 게 다반사였다. 그 이후론 아무리 좋은 정보라고 해도 '어떻게 해서 나에게까지 오게 되었을까?'라는 생각을 하면서 정보의 유혹을 참았다.

출근을 하고 매일 오전 8시가 되면 지중해 부자와 커피 한 잔을 마셔야 한다. 별로 할 얘기도 없는데 꼭 그 시간만 되면 차 한잔 하자며 불러댔다. 사무실 중간을 가로질러 오른쪽에 내 개인 사무실이 있고, 그 왼쪽에는 회의실과 탕비실 그리고 모서리에 그의 사무실이 있었다. 회장임에도 불구하고 그의 공간은 사무실에서 제일 작았고, 오래된 책상과 4명이 겨우 앉을 수 있는 회의 테이블이 전부였다.

그의 책상 맞은편 벽에는 모나리자 그림이 걸려 있는데, 어디서 구해온 건지는 모르겠지만 그럴싸한 복제판이었다. 자기를 보고 비웃는 것 같아 묘한 자극이 된다며 그 그림을 유난히 좋아했다.

그는 다방 커피라고 불리는 믹스커피만 마신다. 그 커피를 마셔야만 커피를 마신 것 같다나 뭐라나. 홀짝홀짝 소리를 내면서 참 맛있게도 마신다. 여름에는 커다란 물컵에 믹스커피 두 봉지를 넣고 뜨거운 물을 아주 조금 넣어 녹인 다음, 얼음을 가득 넣어 요란스럽게 흔들면서 마시는데, 얼마나 맛이 있었으면 눈을 반쯤 뜬 채 연거푸 감탄사를 낸다. 다 마시면 물컵을 바라보다가 남아 있는 얼음을 한입에 넣고 우두둑 소리를 내며 씹어 먹어야 끝이 난다. 매번 그 장면을 보면서 '나는 나이가 들면 절대 저러지 말아야지.' 하는 생각이 머릿속 끝까지 차오른다.

그와 커피를 마시던 중 아주 좋은 종목을 발견했다며 보고서를 보여준 적이 있다. 친하게 지내던 증권사 지점장에게 들은 종목이었는데, 정부 사업을 수주하게 되어서 매출과 이익에 많은 도움이 될 거란 정보였다. 그 정보를 확인하기 위해 직원들과 회사를 방문해서 면담을 했고, 재무 상태도 확인해 보았는데 생각보다 좋은 회사라는 결론을 내렸다. 바쁘게 돌아가는 공장의 사진까지 찍어서 보고서에 눈에 띄도록 잘 넣어두었다. 꼼꼼하게 세세한 내용까지 담다 보니 보고서는 무려 20장이 넘어 두툼했다. 내가 취임한 이후 처음으로 그에게 제출했던 보고서였기에 신경을 많이 쓴 것이다.

그는 회의 테이블에 올려놓은 보고서를 들쳐 보지도 않은 채 나에게 물었다.

"이 회사가 삼성전자보다 좋은 이유, 세 가지만 말해봐."

내가 보고 느낀 회사에 대해서 주저리주저리 말했더니, 그런 얘기는 필요 없고 본인이 질문한 것에만 대답하라고 했다. '그 회사가 삼성전자보다 좋은 이유?' 아무리 생각해봐도 세 가지는커녕 한 가지도 생각이 안 났다. 아니 없었다는 게 정확한 표현이었다. 당시에 삼성전자는 반도체 산업의 호황이 시작되면서 주가가 무려 100만 원을 넘어섰던 시기였다.

내가 무척 당황하며 쩔쩔매자 그가 한마디 했다.

"내가 이런 보고서나 주변의 정보를 듣고 주식을 샀다면 아마 지금쯤 대한민국 주식의 절반은 내 계좌를 거쳐 갔을 거야. 아니 그전에 쫄딱 망해서 이 자리에도 없었겠지. 사람은 말이야, 뭔가 좋다는 소리를 듣고 확신이 생기면 그때부터 판단력이 실종되는 거야. 다 좋아 보이거든. 뭔가에 홀린 것처럼 남들이 아무리 말려도 소용없지."

그 얘기를 듣자 과거에 투자를 했던 수많은 회사들이 떠올랐다. 호재거리가 있다, 곧 폭등할 거다, 인수 합병이 확실하다 등 갖은 소문을 듣고 샀던 회사였지만 소문에 그친 경우가 대부분이었다. 내가 멍하니 생각에 잠겨 있자 그가 말을 이어서 했다.

"아무리 좋은 회사라고 해도 현재 우리나라 최고 기업인 삼성전자보다 좋은 점이 있어야 투자할 것 아닌가? 그게 없다면 같은 돈으로 잘 나가는 삼성전자를 사지 왜 잘 알지도 못하는 회사의 주식을 사야겠는가? 한번 깊이 생각해봐."

그때부터 보고서는 없어졌다. 투자 종목을 설명할 때는 '삼성전자보다 좋은 이유 세 가지'를 초등학생이 들어도 이해할 수 있게 설명하면 되었다. 가령 '삼성전자보다 규모는 작지만 독자적인 기술이 있어서 앞으로 성장할 가능성이 크다', '대기업에 꼭 필요한 부품을 만드는데 경쟁사가 없어서 서로 달라고 아우성이다', '기술 연구원의 비율이 삼성전자보다 높아 핵심 기술 특허 보유가 높다' 등으로 말하면 되었다.

이런 식으로 설명을 하면 5분 정도 고민을 하고선 장부처럼 생긴 노트를 펼치고 회사 이름을 적으면 통과가 된 것이다. 그러면 그 회사에 대한 세세한 정보를 바탕으로 회의를 하고 최종적으로 투자를 할 건지가 결정된다. 아무 반응이 없다면 그 회사는 별로라는 얘기다. 어떤 회사가 너무 마음에 들어서 꼭 투자를 하고 싶었는데 시큰둥한 반응을 보여서 무려 여덟 번이나 설명을 한 적도 있었다. 한참 후에 그 주식을 샀는데 다행히 많은 수익을 내서 아주 기분이 좋았던 기억이 난다.

그의 경험에서 나오는 판단 기준은 개인들에게도 유용하다. 나 역시 그 방법을 알고부터 남들이 주식 얘기를 할 때면 자연스럽게 삼성전자와 비교를 하게 된다. 그런 습관을 들이면 아무리 좋은 정보라고 해도 쉽게 유혹에 빠지지 않게 되고, 항상 객관적인 입장에서 판단할 수 있게 된다. 이것은 주식 투자를 하는 데 있어서 유혹에 빠지지 않는 가장 좋은 방법이기도 하다.

"주식 투자에서 가장 무서운 유혹은
내가 나를 유혹하는 거야.
주식에서만큼은 열정을 억제해야 해."

– 지중해 부자

STORY 2

정보 제공 업체의
유혹

과거에 다녔던 유통 관련 회사에 조펀드라고 불리는 사람이 있었다. 성은 조 씨이고 허구한 날 주식 얘기만 떠들고 다녀서 펀드 매니저라고 불리다가 나중엔 조펀드라고 불렸다. 그는 근무 시간에 틈만 나면 전화기를 붙들고 있었는데, 전화로 주식 정보를 듣고 있었다. 지금 같으면 당장의 해고 사유지만 부서장이 그를 내버려 두는 데는 다 이유가 있었다. 바로 본인이 들은 유료 주식 정보를 다른 직원들에게 알려주었기 때문이다. 그의 말에 따라 부서장부터 말단 직원까지 대부분 주식 투자를 하고 있었다. 나는 따라 하지 않아서 (신입 시절이라 주식할 돈이 없었다.) 수익이 잘 났는지는 모르겠지만 다들 조펀드에게 오늘은 어떤 주식을 사야 하느냐고 물어보는 게 우리 부서 근무의 시작이었다.

회사를 그만두고 한참이 지났을 때 조펀드에게 연락이 왔다. 별로 친하지도 않았는데 다짜고짜 만나자고 했다. 그는 회사를 퇴사하고 주식 정보 제공 회사를 차렸다며, 돈을 불려줄 테니 회원 가입을 하라고 했다. 회비는 한 달에 10만 원이지만 아는 사람이니까 특별 할인해서 1년 치를 한꺼번에 내는 조건으로 절반만 받겠다고. 주식 투자에 관심이 없다고 말하자 그는 신경질을 내며 "돈을 벌게 해준다고 해도 거절하는 바보 같은 사람이 요즘도 있느냐."면서 한심하다는 표정으로 나를 한참 동안 바라봤던 기억이 난다.

머니앤리치스라는 회사를 설립하고 경제 교육과 개인 상담을 하던 시기에 주식 투자에 대한 질문이 많았다. 투자를 잘못해서 손해를 본 사람들이 많았는데, 대부분 허황된 정보에 현혹되어 손해를 본 경우였다. 손실을 만회하고 싶다며 주식 투자 방법을 알려달라고 했지만 투자 경험과 노하우가 적었던 당시에는 딱히 해줄 말이 없었다. 주식에 대해 고민하던 중 조펀드라는 사람이 떠올랐다. 전화를 해보니 수년이 흘렀는데도 주식 정보 회사를 계속 운영하고 있었고, 회사의 이름만 바뀐 채 모든 게 그대로 운영되고 있었다. 그가 알려준 홈페이지에 접속해보니 생각보다 많은 사람들이 게시판에 감사 후기를 남

기고 있었다. 유료 회원만 500명이 넘는다고 했다. 그는 문자를 통해서 실시간으로 주식을 사고팔 수 있도록 리딩을 해주고 있었다.

그는 회사 홈페이지 정중앙에 누적 수익률이 1,000%가 넘는다는 큰 글씨를 눈에 띄도록 써 놓았다. 정확하지는 않지만 '오늘까지 누적 수익률 1,685%' 이렇게 적어놨던 것 같다. 그동안 매매한 종목을 정리해놓은 페이지도 있었는데 날짜와 종목, 매수 가격, 매도 가격, 수익률이 잘 정리되어 있어서 신뢰가 갔다. 이게 사실이라면 정말 대단하다는 생각이 들었다.

그에게 개인 상담에서 만난 주식 투자를 잘하고 싶다는 사람을 소개해주고 싶었다. 그래서 직접 확인하기 위해 유료 회원에 가입을 했다. 그때는 회비 가격이 많이 올라서 3개월에 100만 원을 내야 했다. 아는 사람 특별 할인은 없냐고 물어봤다가 30분이 넘도록 그런 궁상맞은 생각이 평생 돈 없이 살게 한다며 온갖 구박과 잔소리를 들어야 했다. 조펀드라는 사람이 그렇게 예민하고 말을 막하는 사람이었는지 정말 몰랐다.

아침 8시부터 주식 매매를 알리는 문자가 오기 시작했다. 시시때때로 문자가 오다 보니 일상 업무가 거의 불가능했고, 매시간 모니터를 보면서 긴장을 늦출 수가 없었다. 그때는 휴대폰으로 매매가 불가능하여 오로지 컴퓨터의 HTS로만 매매가 가능했던 시기였다. 한 달 정도 매매했을 때 그가 홈페이지에 올려놓은 매매 수익률과 그걸 그대로 따라 한 나의 수익률이 전혀 맞질 않다는 걸 알게 되었다. 예를 들면 이런 식이었다.

```
종   목: 대한항공
매수가: 2만 원
매도가: 2만 2,000원
손절가: 1만 8,000원
```

이 메시지를 받자마자 대한항공이라는 종목을 2만 원에 매수했고 2만 2,000원으로 오르자 매도했다. 수익률은 10%가 된 것이다. 그런데 대한항공의 주가는 3만 원까지 올라갔다가 다시 내려왔다. 그의 홈페이지 게시판에는 대한항공 매수 2만 원, 매도는 최고 가격인 3만 원, 수익률 50% 이렇게 적혀 있었다. 분명 2만 2,000원에 매도하라고 하고선 최고 가격인 3만 원에 판 것처럼 올리고 수익률을 5배나 부풀린 것이다. 반대로 떨어질 때는 1만 8,000원이 되어서 손절하고 팔았는데 주가가 다시 올라서 2만 5,000원이 되었다면 게시판의 매도 가격은 2만 5,000원이 되었고 수익률은 25%였다. 나는 마이너스 10%인데 말이다. 이런 식으로 계산하니 누적 수익률이 수천 퍼센트가 가능했던 것이다. 그런 내용을 항의했더니 곧이곧대로 따라 하는 사람이 어디 있냐며 오히려 큰소리를 쳤다.

확인할 길은 없었지만, 나를 제외한 다른 회원들은 시장 대응을 잘해서 수익이 높다고 했다. 게시판에 올라온 '수익을 많이 내게 해주셔서 고맙다.'는 글을 자세히 읽어보니 일정한 패턴의 내용으로, 모두 다 조작된 것을 알게 되었다. 3개월이 지나고 겨우 본전을 찾았다. 이후 다른 주식 정보 업체들도 파악했지만 마찬가지였다. 수백에서 수천 퍼센트의 수익률을 내세우며 대부분 온갖 억지와 조작된 정보로 돈을 뜯어내는 곳이었다.

이는 유료 주식 정보 제공 회사뿐만 아니라 주식 카페나 책 또는 매체에서 고수라고 칭하는 사람들도 마찬가지였다. 한 유튜버가 자신의 계좌를 실시간 영상으로 보여주며 자랑하는 방송을 본 적이 있다. 누적 수익률이 수백 퍼센트였고, 보유하고 있는 종목들도 대부분 수익을 내고 있었다. 이게 사실이라면 그는 세계 최고의 투자자로서 인정을 받아 투자 회사에 고액 연봉을 받고 스카우트 되든가 아니면 직접 투자 회사를 설립하든가 그것도 아니면 부자가 되어서 편안하게 투자를 하고 있어야 한다. 굳이 힘들게 유튜브를 하면서 본인의 계좌를 공개할 이유가 없다.

주식 계좌의 수익률은 얼마든지 조작할 수 있다. 2개의 증권 계좌를 만들고 한쪽은 수익이 난 것만을, 손실이 나는 종목은 다른 계좌로 옮겨두면 된다. 수익이 난 것들만 모아놨으니 당연히 수익률은 좋을 수밖에 없다. 매번 수익이 나면 의심을 살 수 있으니 손실이 난 것을 적절하게 배치하면 다들 깜빡 속게 된다. 이렇게 주식을 다른 계좌로 옮기는 것을 대체 출고(주식 이체)라고 하는데 인터넷 뱅킹으로 돈을 이체하듯이 아주 쉽게 할 수 있다. 즉, 주식과 관련한 조작은 얼마든지 가능하기에 조심해야 한다. 그걸 그대로 믿고 이용당하는 사람들이 너무 많아서 참 안타깝다.

물론 이런 곳과 달리 주식 정보를 투명하게 제공하는 곳도 있다. 이곳은 수익률보다는 종목 선정에 있어서 객관적인 정보를 제공하는 곳이다. 수익률을 알리더라도 아무런 조작 없이 있는 그대로를 보여준다. 이런 곳을 찾으려면 회사를 직접 찾아가면 된다. 대부분의 주식 정보 업체는 사무실조차 없는 곳이 많기 때문에 정상적인 운영이 어렵다. 회원을 모집하고 불만이나 소송이 걸려오면 폐업하고 다른 회사를 만들어서 또 회원을 모집하는 식이다. 그래서 직접 찾아가 사무실을 확인해보고 대표자를 비롯한 직원들의 정신과 태도, 여기에 그들이 제시한 수익률을 확인하기 위한 최근 1년간의 증권 계좌

'거래 내역서'를 요청해야 한다. 거래 내역서에는 수익률과 주식 매매 내역, 주식 이체(대체 출고)와 같은 내역을 모두 볼 수 있기 때문에 꼭 확인해야 한다. 이런 내용이 확인되지 않는 회사나 개인이라면 일찌감치 물러서길 바란다. 만약 이런 것들을 모두 확인하고도 모든 게 사실이라면 당신에게 훌륭한 파트너가 될 수 있으니 적극적으로 이용하길 바란다.

금융 선진국인 미국이나 유럽, 홍콩 등에도 주식 정보 회사가 많다. 우리나라와 다르게 높은 수익률로 회원들을 유혹하기보다는 시장 수익률을 초과하는 정도의 주식 정보를 제공하며 안정적인 수익에 초점을 맞추고 있다. 많게는 수십만 명의 회원을 거느린 회사도 있다. 우리나라도 그들처럼 좋은 정보를 제공하는 회사들이 있지만 인기는 없다. 다들 높은 수익률만을 원하기 때문이다.

투자 회사에서 같이 근무를 했던 30대 초반의 직원이 주식 정보 업체를 차린 적이 있었다. 신대리라고 불렸던 그와 1년 정도 같이 일을 했었다. 작은 키에 무테안경을 쓰고 무엇보다 암기력이 무척 좋아서 인상 깊었던 직원이었다. 주식과 관련된 회사의 정보뿐만 아니라 일간 신문에 짤막하게 나와 있는 띠별로 알아보는 오늘의 운세까지 외우고 다녔다. 누군가가 오늘 되는 일이 없다고 하면, 그는 오늘의 운세를 말해주며 오늘은 그런 날이니 그러려니 하라고 말하며 기분을 풀어주었다. 왜 그런 것까지 외우고 있냐고 물었더니, 사람들에게 알려주면 대부분 좋아한다는 게 이유였다.

여의도를 걷다보면 길가에서 가끔 만나기도 하는데, 항상 그가 먼저 다가와 무척 반갑게 악수를 한다. 식사 한 번 하자는 인사를 10년째 건네지만 아직까지도 식사를 못 하고 있다.

당시에 신대리가 회사를 그만둔 건 주식 매매에 대한 부담감 때문이었다. 한차례 큰 실수를 범한 적이 있었는데 주식운용팀에서 제시한 매도 가격을 어기고 본인의 판단으로 매도를 하려다가 회사에 크게 손실을 입힌 것이다. 회사에서는 그 주식을 많이 보유하고 있었고, 신대리가 참석하는 기관 매니저 모임에서도 그 종목을 보유하고 있던 터였다. 회사 상황이 생각보다 좋지 않자 주식운용팀에서는 매도를 지시했다. 하지만 갑작스럽게 많은 주식을 매도하면 주가는 뚝 떨어질 것이고, 본인을 믿고 주식을 샀던 다른 기관의 매니저들에게 피해를 끼칠까봐 매도를 못 하고 주춤했던 것이다. 그때 어느 누군가가 갑작스럽게 주식을 대량으로 팔았고 주가는 한순간에 폭락했다. 매도 타이밍을 놓친 신대리는 큰 손실을 입은 채 주식을 팔아야 했다. 그때 얼마나 스트레스를 받았는지 그의 얼굴을 보고선 '사람이 저러다가 저세상으로 갈 수도 있겠구나.'를 처음으로 느꼈다. 그의 표정을 살피면서 오후 내내 긴장을 했던 기억이 난다.

그날 지중해 부자와 나, 신대리는 저녁 식사를 함께 했다.

자주 가던 청국장집에서 식사를 하게 되었다. 식당에 들어서자 지중해 부자와 신대리는 나란히 앉아서 파전에 청국장을 먹고 있었다.

지중해 부자는 오래된 이 식당을 참 좋아했다. 그 이유는 청국장 하나를 시켜놓고 공깃밥을 두세 그릇을 먹어도 추가로 돈을 안 받기 때문이다. 그는 여의도에 처음 왔을 때부터 이 식당을 이용했는데, 덕분에 이곳에서만큼은 밥을 실컷 먹었다고 했다. 가끔씩 그는 어려웠던 과거를 회상하며 이런 말을 했다.

"사람이 주접이 들면 배가 더 고파, 남의 집에 가면 특히 더 그렇지. 왜 그리 배가 고프던지 밥을 허겁지겁 먹다가 아내한테 많이도 혼났어."

나중에 지중해 부자는 식당 주인 딸의 결혼식에 참석을 했는데, 그동안 공짜로 먹은 공깃밥값이라며 전셋집을 얻을 정도의 거금을 축의금으로 냈다는 소리를 들었다. 지금은 주인과 식당이 바뀌었지만, 가끔은 그와 함께 고릿한 냄새가 나는 청국장에 밥을 비벼서, 내가 제일 좋아했던 오이소박이와 함께 허겁지겁 먹던 그 시절이 참 그립다.

그날 식당에서 지중해 부자는 신대리에게 이런저런 말을 많이 했는데, 그 말을 듣고 신대리는 회사를 떠나게 되었다.

막걸리 한 주전자가 비워지고 다시 시켰을 때, 그가 약간은 혀가 꼬인 상태로 신대리에게 말했다.

"신대리는 말이야, 다 좋은데 마음이 너무 약해. 내가 여의도에 처음 왔을 때 그랬거든. 마음 약한 사람이 투자 세계에서 얼마나 피해를 보는지 수년 동안 갖은 고생을 해가면서 깨달았지."

신대리가 얇은 한숨을 쉬며 눈빛을 떨구었다.

"회사나 남을 위하는 마음은 좋은 것이지만 투자에서만큼은 큰 단점이 되는 거야. 누군가의 손실로 인해서 이득을 보는 것이 투자 세계의 섭리인데, 그런 약한 마음으로 어떻게 투자를 할 수 있겠는가? 남을 위하려다 본인만 손해를 보게 되는 게지. 남을 이용하여 돈을 버는 건 사기 행위지만 투자는 엄연히 남보다는 내가 버는 게 먼저인게야. 어쨌거나 내가 벌어야 살아남을 것 아닌가. 오늘 같은 경험이 쌓이면 분명 좋아지겠지만 내가 보기엔 오래 걸릴 것 같아. 마음이라는 게 그리 쉽게 변하는 게 아니거든. 각 개인마다 성향은 다 달라. 그렇기 때문에 냉정하게 투자를 잘하는 사람이 있고, 분석을 잘하는 사람이 있고, 또 영업을 잘하는 사람이 있는 것이지. 투자 회사라고 해서 꼭 투자만을 잘하려고 하지 말고 내 성향에 맞는 일을 하는 게 훨씬 더 즐거운 인생을 살게 할 거야."

다음 날 신대리는 사표를 냈다. 그의 뛰어난 정보 수집력과 암기력으로 회사 분석을 하는 애널리스트가 어울리겠다는 생각에 친하게 지내던 증권사 임원에게 취직을 부탁하려고 했지만 신대리는 거절했다.

한 달 정도가 지나 지중해 부자와 투자 회사 직원들과 함께 신대리의 조촐한 개업식에 참석했다. 신대리는 KBS 별관 인근의 작은 오피스텔에 '굿 인베스트먼트'라는 주식 정보 제공 회사를 차렸다. 지중해 부자는 아주 좋은 결정을 했다고 했고, 개업식에 온 사람들 모두 그의 말에 공감했다. 지중해 부자는 두툼한 봉투를 놓으면서 방명록에 큰 글씨로 적었다.

[어떻게 하면 남을 도울 수 있을까?]

"이것만 생각해. 남이 잘돼야 네가 잘되는 법이니까."

그 후 신대리는 5년 만에 회사를 투자 자문사로 키웠고, 우리 회사를 비롯한 금융 회사들에게 투자에 대한 자문과 정보를 제공하는 일을 하고 있다.

"내가 조금만 젊었어도
주식 투자를 가르치는 일을 했을 거야.
그럼 투자로 돈을 벌었을 때보다
더 보람이 있었을 텐데 말이야."

– 지중해 부자

STORY 3
유혹을 피하는 법

주가를 결정짓는 이유를 군이 꼽자면 이 정도로 나열할 수 있다.

주식 가격 = 매출 + 이익 + 뉴스 + 산업 + 한국 경제 + 세계 경제 +

환율 + 유가 + α + α + α + α + α ······ + 심리

기업을 찾아가거나 주식 담당자를 통해서 매출과 영업 이익 정도는 예상해볼 수 있다. 기업의 좋은 소식과 나쁜 소식에 대해서도 회사와 밀접한 사람을 알고 있다면 미리 알 수 있다. 그런데 주가는 이것만으로 움직이는 게 아니다. 기업이 속한 산업이 성장세인지 하향세인지, 한국 경제가 좋은지 나쁜지, 세계 경제를 좌지우지하는 미국의 경제와 주가는 또 어떤지,

여기에 환율과 유가, 기타 등을 완벽하게 예상했더라도 마지막엔 투자자의 심리에 의해 완전히 바뀌는 게 바로 주가이다. 과연 주가를 예측할 수 있을까? 제아무리 주식의 신이라고 해도 알 수가 없다. 그래서 본인이나 주변에 실력이 있다는 사람들이 주가를 예측하는 순간부터 주식 투자는 위험에 처하게 된다.

쓰라린 주식 투자의 첫 경험을 치르고 본격적으로 다시 시작하는 데 10년이 걸렸다. 친하게 지내던 사람이 있었는데, 한 달에 한두 번씩 만나 술자리를 같이했다. 그는 주로 회사 얘기를 했고, 나는 투자와 관련된 얘기를 했다. 그는 대기업 계열사이면서 매우 탄탄한 사업 구조를 갖춘 회사에서 승승장구하고 있었다. 가끔 회계팀에서 일하고 있는 친한 동료를 데리고 나오기도 했는데 자연스럽게 회사의 재무 상태를 알 수 있었다.

어느 늦은 밤, 그에게 전화가 왔다. 방금 전 회의를 마쳤는데 조만간 대규모 공급 계약을 체결할 것이라는 말을 했다. 그러면서 내일 중으로 본인 회사의 주식을 사라고 했다. 본인은 회사 감사팀의 감시가 심해서 주식을 살 수 없으니 최대한 많이 사서 수익이 나면 거하게 한잔 사라고 했다. 지금 생각해 보면 내부자 정보로 인한 투자로 고발감이지만 그 시절엔 그런 말조차 못 들었던 시기였다. 다음 날 현금을 동원해보니

3,000만 원 정도가 있었고, 평균 3만 원에 주식을 샀다. 2주 후에 그의 말대로 뉴스가 나왔고, 곧 공시가 떴다. 그의 회사에서 수백억에 이르는 계약을 성사시킨 것이다. 주가는 움직였다. 그런데 예상과 달리 10% 정도 급하게 오르더니 다시 슬슬 내리기 시작했다. 결국 거래량만 폭증하고 3만 원이 약간 넘은 가격에서 장을 마감했다.

대형 호재가 발생했는데 주가는 왜 안 오를까? 단순한 생각에 그 정도의 계약이면 상한가 3번 정도는 갈 줄 알았다. 곧 오를 거라며 기다렸다. 그렇게 1년을 기다렸지만 주가는 계속 내려갔고 결국 절반 가격인 1만 5,000원까지 내려갔다. 이 시기에 그는 회사를 그만두었다. 회사가 어려워져서 구조 조정을 당한 것이다. 그는 퇴직금으로 홀가분하게 회사의 주식을 샀다. 그것도 내가 산 가격의 절반에 말이다. 그로부터 6개월 동안 주가는 점점 오르더니 어느새 3만 원까지 올랐다. 원금이 되자마자 이거라도 건진 게 다행이라는 마음으로 처분을 했다. 그는 새로운 직장에서 정신없이 일하느라 주식에는 신경 쓸 시간이 없어 나중에 천천히 팔았는데, 무려 5만 2,000원에 팔았다는 소식을 들었다. 너무 놀라서 몇 배의 수익이 났는지 계산해 볼 수도 없었다.

나는 그 회사의 매출과 영업 이익을 누구보다 먼저 알 수

있었고, 호재 뉴스거리도 먼저 알았다. 그런데 수익은커녕 2년 넘도록 돈이 묶이면서 온갖 마음고생을 해가며 겨우 본전을 찾았다. 반면에 주식에 별로 관심이 없던 그는 주워 담듯이 주식을 싸게 사서는 무심히 지내다가 큰 수익을 냈다. 그 후로도 비슷한 일이 몇 번 있었는데 제대로 수익을 낸 적은 없었다. '나하고 주식은 안 맞나?' 이런 생각만 들 뿐이었다.

회사에서 점심 식사를 마치고 나면 나른하게 졸음이 찾아온다. 여의도는 증권 업무의 특성상 워낙 일찍 출근을 하다 보니 오후가 되면 자연스럽게 피곤함이 느껴진다. 이때 잠시 눈을 붙이는 것도 좋지만 운동화를 신고 한강 공원을 산책하는 게 많은 도움이 된다. 특히 한강 요트장이 내려다보이는 윤중로 일대의 공원은 조용해서 산책하기가 좋다. 이곳에서 요트를 보고 있으면 지중해 부자와 함께 요트를 탔던 추억이 생각난다. 아마 그분이 지금까지 여의도에 계셨다면 분명 좋은 요트 한 척을 사서 직원들과 수시로 서핑을 나갔을 것이다.

지중해 부자는 요트를 좋아한다. 아니 그 전에 물 자체를 좋아한다. 일주일에 서너 번은 사우나에 들러 뜨끈한 욕탕에 몸을 담가야 하고, 하루에 3리터의 물을 꼭 챙겨 마시며, 술을 마실 때도 술보다 물을 더 많이 마신다.

지중해 부자가 직원들에게 요트 타러 가자고 하면 그건 주식 시장이 어렵다는 얘기다. 주식 시장이 혼란스럽거나 특히 예측이 안 될 때는 억지로 투자하려 하지 말고 시장에서 벗어나 있는 게 상책이라며, 전 직원들을 데리고 요트를 타러 간다. 요트는 여의도를 중심으로 성산 대교에서 동작 대교를 왕복하며 떠다녔다. 요트가 여의도 앞을 지나갈 때 그가 말했다.

"시장이 보이지 않으면 이렇게 떨어져서 보는 게 많은 도움이 돼. 우리는 항상 빽빽한 숲속에서 좋은 나무를 찾으려 애쓰는데, 오랫동안 머물러 있으면 이게 좋은 나무인지 아닌지 구분하기 어려울 때가 있어. 그럴 때는 이렇게 멀리서 전체를 보면 좋은 나무를 고르는 데 도움이 될 거야."

그의 말을 듣고 여의도를 바라보았다. 방금 전까지 전쟁을 치르듯 치열하게 보낸 곳인데, 마치 아무 일 없다는 듯이 너무 한가롭게 보여서 이질감이 느껴졌다.

"주식 투자는 노력한다고 해서 잘되는 게 아니야. 안될 때는 쉬는 게 나을 때가 많지. 안된다고 무리를 하면 갖은 유혹에 넘어가기 쉽거든. 충분히 쉬어야 자세히 시장을 살피면서 기회를 얻게 되지."

홍콩에서 회의를 할 때 가끔 미국과 영국의 투자 회사 임원들이 참석을 할 때가 있었다. 그들과 식사를 하면서 개인적인 의견을 나누기도 했는데, 그중에 워런 버핏에 대해서 잘 알고 있는 분이 있었다. 버핏의 투자 회사인 버크셔 해서웨이 주식을 보유하고 있었고, 주주 총회에도 초대되는 분이었다. 투자자라면 누구나가 꿈꾸는 버핏이기에 나는 적극적으로 그에 대해 물어본 적이 있었다.

버핏의 주식 투자 비결은 우량한 종목을 골라 기준 가격을 정해놓고 그 가격보다 떨어질 때마다 사들였다가, 10년이고 20년이고 계속 보유하면서 주식 평가액을 올리는 것이라 했다. 사고팔면서 수익을 내는 것이 아니라 오래 보유하면서 평가 수익을 올리는 방식이었다. 즉, 삼성전자를 20년 전에 5만 원(액면 분할 전)에 사서 지금까지 보유하고 있다면 50배 이상의 평가 수익률을 내는 것이 된다. 버핏이 주식을 파는 경우는 관련된 산업이 침체되거나 회사에 의도치 않은 일이 생겼을 경우이며, 워낙 장기간 보유하기에 주가 하락에는 별로 신경을 안 쓰고 오히려 주식을 살 수 있는 기회라 여긴다 했다.

주가가 떨어졌을 때 오래 기다는 것보다 손절하고 다른 종목을 사는 게 낫지 않느냐고 물으니, 버핏은 손절을 싫어한다고 했다. 우리가 아는 기술적 투자 상식 중엔 손절은 기본인데 말이다.

버핏은 11살 때부터 주식 투자를 시작했고, 50년 정도가 흐른 1990년대부터 세계적인 부자가 되었다. 그리고 지금까지도 같은 방식으로 80년째 투자를 하고 있다. 투자금이 얼마냐에 따라 부의 규모가 달라지겠지만 버핏처럼 50년 이상 장기 투자를 하면 분명 부자가 될 수 있다고 했다. (앞으로 50년이면 내 나이가 100살에 가까운 나이가 된다.)

버핏의 포트폴리오에는 전 세계 수백 개의 기업이 있다고 했다. 수백 개의 종목이면 관리하기에 너무 많지 않냐고 하니, 좋은 종목도 많지만 의외로 물린 주식이 많아서 어쩔 수 없다고 했다.

마지막으로 버핏과 점심 식사를 하려면 수십만 달러를 내야 하는데 참석자들은 어떤 질문을 하느냐고 물어보니 투자에 대한 직접적인 질문보다는 그분의 성공 철학이나 이념을 물어본다고 했다. 투자에 대한 질문도 하는데 투자의 비결을 알려달라고 하면 "아무리 훌륭한 투자라 해도 대출이나 레버리지를 쓰지 말라."는 것과 "월가는 얼씬대지도 말라."는 말을 한다고 했다.

대출이나 레버리지를 쓰지 말라는 건 큰돈을 벌 것이라는 유혹에 넘어가 위험이 닥쳤을 때 한순간에 무너지는 것을 방지하기 위함이고, 월가를 얼씬대지 말라는 것은 갖은 정보의 유혹에 빠지지 말라는 것이었다.

버핏을 직접 만나보면 푸근한 인상과 유머스러움 못지않게 무척 영리하다는 걸 느낄 수 있으며, 머리 좋은 사람 서너 명을 합친 것보다 훨씬 더 지능이 좋고, 두뇌 회전 속도도 놀라울 정도로 빠르다고 한다. 버핏이 브리지 게임을 하는 모습만 봐도 감탄이 절로 나온다고 했다. 현존하는 투자자 중 세계 유일의 최장기 투자자이며 최고의 부자이니 충분히 납득이 되었다.

지중해 부자가 경계하는 것처럼, 워런 버핏을 포함한 투자의 대가들은 주식 투자의 가장 중요한 비결 중 하나로 '유혹'을 경계하라고 한다. 그럼 주식의 유혹에서 벗어나려면 어떻게 해야 할까?

우선 주식 투자에 대한 정의부터 다시 내려야한다. 주식 투자를 단순히 돈을 버는 수단으로 여겨서는 벗어날 수 없다. 내 자산을 증식시키는 좋은 방법이며 평생에 걸친 투자로 생각해야 한다.

주식 투자의 올바른 정의를 내려보자.

잘못 알고 있는 주식 투자

정보 + 대박 + 정보 + 대박…….

올바른 주식 투자

올바른 태도 + 강인한 정신 × 시간 = 자산 증식

주식 투자란 평생에 걸쳐 내 사산을 증식시키는 깃이다. 이를 위해서는 올바른 태도와 흔들림 없는 강한 정신력을 갖추어야 하며, 여기에 시간이 곱해지면서 자산은 자연스럽게 늘어나게 된다.

"돈 몇 푼 벌려고 덤볐다간 큰코다쳐.
칼만 안 들었지, 네 돈 뺏으려고
수천만 명이 달려드는 곳이 주식 시장이야."

– 지중해 부자

STORY 4

욕심의 범위를
정해라

한 종목에 가장 큰 투자를 했던 회사가 있었다. 처음부터 큰돈을 투자한 건 아니고 주가가 떨어질 때마다 일명 물타기를 하다 보니 어느새 큰 금액의 주식을 보유하게 되었다. 주주 총회를 앞두고 대표 이사가 전화를 해서 꼭 참석해 달라고 할 정도로 많은 주식을 보유하고 있었다.

　　그렇게 많은 돈을 투자할 수 있었던 이유는 그 회사에 대해 속속들이 잘 알고 있었기 때문이었다. 예상 매출부터 신규 사업 및 수주 계약까지 수십 번 회사를 찾아가 확인을 거듭하면서 느낀 확신 때문에 대출까지 받아가며 주식을 사들였다.

　　1년 정도가 지났을 때 잠잠했던 주가가 움직이기 시작했다. 예상했던 뉴스들이 시장에 퍼지고 있었고, 그 기대치로 인해 주가가 본격적으로 올라가는 중이었다. 나는 그 주식을 평균

1만 3,000원에 샀고 목표가는 2만 원이었다. 투자금이 컸기 때문에 2만 원에만 팔아도 50% 정도의 수익으로 큰돈을 챙길 수 있었다. 주가는 매일 조금씩 오르더니 목표가인 2만 원에 다가섰다. 이때 충분히 감사한 마음으로 매도할 준비를 해야 했는데, 내 마음은 이미 목표가를 올리고 있었다.

지금의 상승세라면 2만 원을 넘기는 건 시간문제라 생각하고 목표가를 2만 2,000원으로 수정했다가 또다시 2만 4,000원으로 올렸다. 얼마 뒤 주가가 2만 4,000원을 넘어서자 이번엔 정말 마지막 결정이라며 최종 목표가를 2만 5,000원에 모두 팔 것으로 정했다.

주식이란 게 주가가 올라갈 땐 참 기쁘다. 주가가 하루에 1,000원만 올라도 내 잔고는 수천만 원이 늘어나니 그런 기쁨을 느껴본 적이 없던 나는 어리둥절해 하며 즐거워했다. 이번에 팔고 나면 '그동안의 즐거움이 이젠 끝이구나.'라는 생각에 섭섭한 마음이 들 정도였다.

드디어 매도 주문을 냈다. 전날 주가는 2만 4,500원이었고 장이 시작하자마자 2만 5,000원에 전량 매도 주문을 냈다. 그동안 계속 오르면서 거래량이 늘었기 때문에 내가 한꺼번에 매도 주문을 내도 주가에 영향을 미칠 정도는 아니었다. 장 시작부터 주가는 조금씩 오르기 시작했다. 곧 체결이 될 것 같았지만 주가는 오르고 내리기를 반복했고 시간은 점심시간을 향해 있었다. 직원들과 식사를 하면서 휴대폰만 바라보았다. 매도 체결이 되었다는 문자를 기다렸지만 식사 시간 내내 문자는 오질 않았다.

서둘러 식사를 마치고 사무실로 오면서 가격을 낮춰 2만 4,500원에 팔아야겠다고 생각하고 책상에 앉아 모니터를 봤을 때 거의 기절할 뻔한 일이 벌어졌다. 2만 5,000원에 300원 모자란 2만 4,700원까지 올라갔던 주가는 잠깐 식사하는 사이에 급락을 해서 2만 원까지 떨어져 있었다. 잠시 후엔 무려 하한가 직전까지 떨어져 버렸다. 한순간에 그것도 잠시 점심 먹는 사이에 수익금 수억 원이 사라진 것이다.

어떻게 이런 일이 일어날 수 있을까? 뉴스나 공시를 찾아봐도 떨어지는 이유를 알 수 없었다. 혹시 무슨 일이 있나 싶어 회사에 전화를 해봤지만 계속 통화 중이었다. 나는 아무 반응을 할 수 없었다. 온몸이 꽁꽁 얼어붙은 채로 모니터만 바라보고 있었다. 함께 주식을 샀던 지인에게 전화가 왔다. 그는 나보다 그 회사에 대해 관심도 많고 아는 것도 많은 사람이었다. 그가 말하길 많은 주식을 보유한 누군가가 한꺼번에 주식을 매도해서 투매가 일어나 주가가 폭락했다고 했다. 회사는 문제없으니 조금만 기다려보자고 했다.

장이 끝나자 온몸에 힘이 풀렸다. 얼마나 기운이 빠졌는지 한 걸음도 움직일 수가 없었다. 집에 갈 힘조차 없어서 회사 근처에 있는 호텔을 잡고 그대로 누워서 생각했다. 이런 일이 발생했을 때 나는 왜 아무런 대응을 할 수 없었을까? 아무리 생각해봐도 이런 상황은 대응 자체가 불가능했다.

다음 날이 되자 오를 거란 예상과 달리 또다시 급락이 나왔고, 그다음 날도 급락이 나왔다. 결국 3일 만에 내가 산 가격으로 다시 되돌아왔다. 서울의 아파트 서너 채는 거뜬히 살 수 있었던 수익금은 단 3일 만에 사라져버렸다. 그것도 내가 최종적으로 팔기로 한 목표 가격에 딱 300원 모자라게 오르고 말이다. 그때를 떠올리면 심장이 요동을 칠 정도로 당시에 엄청난 충격과 비참함을 준 종목이었다. 그 이후로 반등을 기대했지만 주가는 계속 내려갔다. 결국 1년 정도를 더 보유하다가 9,000원도 안되는 가격에 큰 손해를 입고 팔아야 했다. 손실도 컸지만 그동안 납부한 대출 이자와 마음고생까지 포함한다면 잊을 수 없는 최대 손실을 기록한 투자였다.

나는 욕심이 없는 줄 알았다. 욕심이 없어서 돈의 유혹에 빠지지 않고 차분하게 계획대로 매매를 잘할 줄 알았지만 큰 오산이었다. 돈의 크기에 매료되니 욕심은 단지 욕심이 아니었다. 주가가 조금만 올라도 돈이 크게 불어나자 욕심은 곧 기회라는 생각으로 변했다. 2만 원에 팔면 계획했던 한 가지를 이룰 수 있었고 2만 2,000원에 팔면 세 가지를 이룰 수 있었다. 여기에 2만 5,000원에 팔면 새로운 계획까지 이룰 수 있으니 어찌 2만 원에 팔 수 있을까? 지금 생각해보면 처음 목표했던 2만 원으로 다시 떨어졌을 때 팔고 나왔어야 했지만 그 상황이 다시 온다 해도 2만 5,000원까지 기다렸을 것 같다. 그에 해당하는 수익금에 맞춰 계획을 자꾸 세우다 보니 그 돈에 대한 미련을 떨칠 수가 없었던 것이다.

투자 회사를 맡아 경영하던 초창기에 신입 트레이더 직원 면접을 지중해 부자와 함께 본 적이 있었다. 대기실에는 고학력자와 금융 자격증으로 무장한 지원자가 가득 몰려들었다. 면접을 보던 중 국내 최고 대학을 졸업하고 미국에서 금융 MBA를 수료한 지원자에게 관심이 갔다. 미국의 금융 투자 회사에서 2년 정도 근무한 경력도 있었기에 단연 돋보였다. 그는 본인 소개를 하면서 자신의 최대 장점은 '욕심이 없다.'는 것이라고 했다. 욕심을 부렸다가 큰 수익을 놓친 적이 있던 나는 그의 말에 눈이 번쩍 뜨였다. 욕심이 없다고 당차게 얘기하는 그의 소신이 부럽기까지 했다. 하지만 지중해 부자는 정반대의 의견을 냈다. 그가 면접실을 나가고 내가 좋은 평가를 하고 있을 때 그가 말했다.

"욕심 없는 사람이 무슨 투자를 할 수 있겠는가? 정말 욕심이 없다면 투자 회사에서 일을 할 게 아니라 공무원이나 선생을 해야지. 욕심이 없다는 건 투자에 있어서 장점이 아니라 단점인 거야. 욕심이 있어야 돈을 더 벌려고 노력할 게 아닌가. 욕심이 없는 사람을 트레이더로 쓸 바엔 차라리 프로그램으로 매매하는 게 낫지, 굳이 월급을 주면서까지 고용할 필요가 없는 것 아닌가."

맞는 말이었다. 그의 말을 들으니 투자를 하는 이유는 돈을 벌기 위함이고, 돈을 더 벌기 위해서는 어느 정도의 욕심은 꼭 필요했다. 그는 진지한 눈빛으로 나를 보며 얘기했다.

"욕심은 필요하지만 적당히 부릴 줄 알아야 돼. 욕심의 범위를 정해놓고, 그 안에서 욕심을 부려야 탈이 없는 거야."

욕심의 범위란 말을 듣고 내가 왜 투자에 실패했는지 명확히 알 수 있었다. 주가가 올라서 목표 가격을 올리는 건 그렇다 치더라도 그 가격에 모두 팔겠다는 생각을 한 건 모두 욕심이었던 것이다. 내가 배운 욕심의 범위란 팔고자 하는 가격에서 20% 정도의 범위를 정하고 분할해서 매도하는 것이다.

예를 들어 2만 원에 팔겠다는 목표를 정했다면, 주가의 상황에 따라 범위를 정할 수 있다.

상승세 (주가가 연일 꾸준히 오르고 있는 상황)

매도 범위: 1만 8,000원(-10%)~2만 2,000원(+10%), 목표 가격(2만 원)의 ±10% 범위에서 분할 매도한다. 1만 8,000원이 되었을 때부터 비중을 줄여 매도한다.

횡보 상승세 (주가가 상승하고 있으나 하락도 반복하며 크게 오르지 않는 상황)

매도 범위: 1만 6,000원(-20%)~2만 원, 목표 가격에서 20% 적은 1만 6,000원부터 분할 매도한다.

주가가 계속 떨어지는 완전한 하락세에서는 어떻게 하느냐고 묻는다면, 주가가 떨어졌을 땐 욕심의 범위고 뭐고 정할 수 있는 상황이 아니다. 이럴 때는 회사의 전체적인 상황을 판단하여 오를 가능성이 있다면 오를 때까지 기다리고, 반대의 경우라면 기다릴 게 아니라 다른 종목으로 바꾸는 것이 낫다.

그럼 왜 20% 정도의 범위를 정해놓고 분할 매도하는 게 좋을까?

어떤 주식을 사서 2만 원에 팔겠다고 목표를 세웠다면 그당시 주식을 산 대부분의 사람들도 비슷한 생각을 하기 때문이다. 그래서 목표한 가격에 다가가면 매도 물량이 늘면서 주가가 떨어지는 경우가 많다. 목표한 가격에 모두 팔겠다는 생각은 욕심이라 생각하고 범위를 정해서 나눠 팔다 보면 훨씬 편한 마음으로 주식 투자를 할 수 있게 된다. 물론 주식을 판 이후에 목표한 가격보다 더 오를 수 있겠지만 그건 나보다 높은 가격에 산 사람들의 몫이니 신경 쓰지 않는 게 좋다.

욕심은 직장에서도 민감하게 작용한다. 투자 회사는 특성상 성과에 따른 인센티브가 주어지는데 투자를 담당하는 매니저는 수익률이, 영업 담당자는 거래처의 잔고 등이 성과에 포함된다. 모 증권사의 경우 펀드 매니저의 성과급이 그 회사 사장의 연봉보다 많아서 이슈가 된 적도 있다.

우리 회사에서는 개인별 성과급이 아니라 전체 성과급으로 지급을 한다. 과거에 다른 금융 회사들처럼 개인별로 성과를 측정하고 이에 따른 성과급을 지급했더니 생각지 못한 문제가 발생했다.

첫째는 직원들끼리 동료가 아니라 경쟁 상대로 인식하기 시작했다. 적절한 경쟁심은 업무에 도움이 되지만 투자에 있어서는 무리한 투자로 이어지기 때문에 위험한 상황에 자주 노출된다. 또 투자를 결정할 때 동료들과 함께 의견을 나누고 판단해야 하는데, 독자적인 성과에 욕심을 내서 홀로 결정하는 일도 많아졌다.

둘째는 사무실이 인간적인 냄새라곤 찾아볼 수 없는 오로지 돈만 쫓는 분위기로 냉랭하게 변해버렸다. 그러다 보니 직원들은 예민해졌고 서로 다투는 일도 벌어졌다. 여기에 능력 있는 낙오자가 발생되었다. 능력이 있는 직원이라도 어느 순간 투자에 실패하거나 남들보다 수익이 낮으면 스스로를 낙오자라 생각하고 회사를 그만두려고 했다. 이런 문제들이 발생하자 개인별 성과급이 아닌 회사 전체의 이익으로 전 직원들에게 고르게 배분하는 전체 성과급제를 실행하였다. 자칫 느슨한 분위기가 생길 수도 있겠다는 생각이 들었지만 지금까지 그런 일은 발생하지 않았다.

주식 투자는 무욕無慾으로 가득 차 있다. 이는 욕심이 없다는 것이 아니라 욕심이 끝이 없다로 해석해야 한다. 주식 투자의 끝없는 욕심을 조절하기 위해서는 앞서 얘기한대로 매도의 범위를 20%로 정해놓고 분할 매도를 하고, 수익을 현금화하는 것이다.

가령 1,000만 원을 투자해서 20% 수익으로 200만 원을 벌었다면 수익금은 다른 통장에 넣어두는 것이다. 이 돈으로 주식 투자를 해서는 안 되고, 오로지 현금으로만 보유해야 한다. 더 높은 수익을 얻으려는 욕심으로 수익금까지 주식 투자를 하게 되면 손실이 났을 때 고스란히 수익금을 잃게 된다. 수익금까지 합한 1,200만 원으로 투자했는데 20%의 손실이 발생하면 잔고는 960만 원으로 순식간에 마이너스 잔고가 되지만, 현금을 떼어놓고 1,000만 원으로 투자를 하면 현금 자산을 포함한 잔고는 1,000만 원으로 유지가 된다. (1,000만 원 × -20%=800만 원)+현금 200만 원=1,000만 원.

이렇게 수익금 통장을 현금으로 보유하면 장점이 많다. 기존의 투자금이 줄었을 때 통장에서 끌어다 쓸 수 있고, 외부적인 영향으로 보유한 주식의 가격이 많이 내렸다면 싸게 살 수 있는 기회를 잡을 수도 있다.

수익금 통장을 유용하게 쓰려면 주식을 매도한 후에 반드시 원금을 초과하는 수익금은 다시 수익금 통장에 넣어두어야 한다. 그래야 이 방식을 유지할 수 있게 된다. 모든 돈을 끌어다가 한꺼번에 주식을 사고 싶은 충동적인 욕심을 관리하는 데 이만한 방법이 없다. 게다가 수익률 관리를 하는 데도 도움이 된다.

지중해 부자를 만난 지 얼마 안됐을 때 나의 주식 잔고를 보여준 적이 있었다. 그 당시 나의 주식 잔고는 현금 없이 주식으로만 가득 차 있었고, 절반 이상이 마이너스 상태였다. 그가 혀를 차며 말했다.

"주식을 잔뜩 들고 있으면 뭐해. 죄다 마이너스인데. 현금이 없으니 추가적인 조치도 취하지 못하고 말이야. 이런 식으로 하면 본전치기에 급급한 투자만 계속하게 될 거야. 그래서 잔고에 30% 정도는 항상 현금으로 보유하고 있어야 해. 수익이 날 때마다 수익금만 따로 챙겨 놨어도 요긴하게 썼을 텐데 말이야."

그의 말을 듣고 이렇게 해야 복리 효과로 더 많은 수익을 낼 수 있다며 수익이 생겨도 모두 투자를 하는 게 낫다고 반박했다.

"투자는 많이 버는 것보다 '수익을 지키는 것'이 중요한 거야. 주식 투자로 매번 수익을 낸다는 건 불가능한데 서너 번 벌었다고 그 돈을 전부 투자했다가 다 잃게 되면 어찌할 건가."

그 이후 나는 수익금 통장을 따로 만들었다. 원금 대비 얼마의 수익이 났는지, 동원할 수 있는 현금이 얼마인지가 쉽게 파악이 되면서 주식 투자를 쉽게 관리할 수 있게 되었다.

"난 욕심 없는 인간을 본 적이 없어.
없는 척 하는 게지, 없는 척하고 살다가
막상 욕심낼 상황이 오면
돌변하는 게 인간이야."

– 지중해 부자

STORY 5
관심을 가져라

앞서 얘기한 대로 매출과 이익, 여기에 해당 산업과 국내외 경제, 금리, 환율, 유가 등 많은 요소들이 주가에 영향을 미친다. 주식 투자자라면 이에 해당하는 기본적인 지식과 기업의 사업 구조를 이해할 수 있어야 하고 여기에 깊은 관심까지 가져야 한다.

　친한 투자자 중에 주식을 사면 오를 때까지 신경을 끄고 산다는 분이 있다. 신경 써봤자 스트레스만 받고, 팔고 싶은 마음이 자꾸 생겨서 오를 때까지 끈덕지게 기다리는 게 낫다는 것이다. 틀린 말은 아니지만 오랜 기간 투자할 사람이라면 올바른 태도는 아니다. 요즘 같은 세상에 어떤 일이 벌어질지 모르는데 관심을 두지 않는다면 회사가 없어질 수도 있고, 시장이 안 좋으면 아주 오랜 기간 기다려야 할지도 모른다. 그래서 주식을 샀으면 항시 관심을 두고 지켜봐야 한다.

한 게임 회사에 투자한 적이 있다. 아직 상장이 되지 않은 비상장 회사였다. 그 회사는 중국에서 인기가 있던 국내 캐릭터를 이용해 롤플레잉 게임을 만들었다. 장외 주식으로 많은 돈을 벌었던 지인을 통해서 그 회사를 알게 되었는데, 그분은 나중에 2대 주주가 될 정도로 큰 자금을 투자하고 있었다. 게임 산업을 잘 몰랐던 나는 수차례 회사를 방문해 사장과 직원들에게 질문을 하며 많은 얘기를 나누었다.

게임 산업은 초기에 비용이 많이 든다. 게임 개발자, 웹 디자이너를 비롯한 수많은 직원을 뽑아야 하고, 게임을 만든 후에도 서버 유지와 마케팅 비용 등이 제법 많이 들어 간다. 그래서 신생 게임 회사는 자금난을 많이 겪는다. 게임을 출시하고도 별다른 인기를 얻지 못하면 수개월 내 파산하는 회사가 수두룩하다.

액면가 5,000원짜리 주식을 2배수인 1만 원에 투자해달라는 제의가 왔다. 장외 주식의 경우 주식 시세가 없기 때문에 대부분 액면가 대비 몇 배수(또는 자본금의 몇 배)로 투자할지가 결정된다. 당시는 게임 업계가 승승장구하던 시기였다. 코스닥의 상승세를 게임 회사들이 주도하고 있었고, 잘 알려진 게임 빌이라는 회사의 주가는 당시 15만 원이 넘었다.(지금은 3만 원도 안되는데 말이다.) 그런 시기에 주당 1만 원에 투자해달라는 것은 아주 싼 가격에 주식을 사는 셈이었다.

이렇게 사업 초창기에 투자하는 것을 '스타트업 투자' 또는 '엔젤 투자'라고 한다. 스타트업 투자는 벤처 캐피털이라는 금융 투자 회사에서 전문적으로 투자를 한다. 그들은 막대한 자금으로 수많은 회사에 투자한다. 열 곳 중 한두 곳만 상장에 성공해도 큰 수익을 얻을 수 있다. 이런 이유 때문에 개인이 욕심을 내고 투자를 하는데, 상장까지 이어지는 회사는 극히 드문 게 현실이다. 한두 곳에 투자했다가 손실을 입은 것을 많이 보았다. 유용한 기술을 갖추고 혁신적인 회사라는 생각이 들어도 성공한 기업이 극히 드문 곳이 비상장 주식이다. 때문에 투자자로서 절대 추천하지 않는다.

게임 회사에 투자를 할지 말지에 대해 고민하던 중 출시 전의 테스트용 게임을 받아서 당시에 초등학생이었던 자녀들에게 시켜보았다. 게임을 몇 번 해보더니 큰아이는 시시하다는 반응을 보였다. 어린 둘째는 이렇게 재밌는 게임은 처음이라고 했다. 아무래도 본인이 좋아하는 캐릭터가 나와서 재밌다고 느꼈던 것 같다.

임시 주주 총회 자리에서 사장은 투자자들과 예비 투자자들에게 게임 산업의 전망과 회사의 장점에 대해 잘 설명을 했지만 내 마음을 움직인 건 따로 있었다. 얼마 전 부산에서 개최된 게임 박람회G-STAR에 사상 최대의 인파와 외신이 몰려 국내 게임 업체가 주목을 받고 있다는 소식과 주식 시장이 게임 산업 위주로 상승하고 있다는 점, 여기에 사장을 비롯한 모든 임직원이 대형 게임 회사 경력자라는 점이었다.

투자를 한 후 마음 편히 기다렸다. 게임이 출시되면 매출이 오를 것이고, 영업 이익도 좋아질 것이다. 그러면 계획했던 2년 안에 코스닥 상장이라는 결실을 낼 거라고, 당시 투자했던 모든 사람이 그렇게 믿고 있었다. 비상장 주식은 주가를 알 수 없으니 딱히 신경 쓸 게 없다고 생각했다.

투자자들의 무관심 속에 게임 출시는 계속 미뤄지고 있었고, 계획되어 있던 출시일보다 6개월이 지나서야 비로소 출시되었다. 반응은 좋았다. 카카오게임이라는 게임 플랫폼에서 분야 1위까지 오르며 인기를 끌 정도였다. 그 정도의 반응이라면 중국 진출도 기대해 볼만했다.

게임 회사 사장은 차기작 개발과 게임 수출 건으로 중국을 오가며 바쁜 나날을 보내고 있다며, 가끔씩 투자자들에게 단체 메일을 보내왔다. 모든 게 잘 흘러가는 듯 했다.

그렇게 1년 정도가 흘렀을 때 어떤 일이 벌어졌을까? 예상과 정반대로 회사는 폐업을 했고, 주식은 휴지 조각이 되었다.

나중에 안 사실이지만 게임 회사 사장은 코스닥 상장 대신 중국의 게임 회사에 피인수시키는 작업을 했다. 상장을 하려면 시간도 오래 걸리고 복잡한 과정을 거쳐야 하지만, 중국 회사에 인수가 되면 막대한 자본으로 차기작 출시를 서두를 수 있고, 나와 같은 초창기 투자자들에게도 수익금을 빨리 안겨 줄 수 있기 때문이다.

당시 중국은 스마트폰 보급량이 늘어나면서 게임 인구가 엄청나게 늘었지만 변변한 게임 회사가 부족해서 국내 게임 업체들이 수출을 통해 이익을 보던 시기였다. 사장은 중국의 대형 게임 업체들과 접촉을 했지만 마땅히 인수할 회사를 찾질 못했다. 결국 뒤늦게 국내에서 차기작을 시도했다. 하지만 대형 게임 회사의 물량 공세와 연예인을 앞세운 마케팅에 무너져 버렸다.

나는 이런 사실을 전혀 모르고 있었다. 누구의 말대로 그냥 신경 끄고 기다리면 되는 줄 알았다. 만약 관심을 갖고 회사와 연락을 자주 했더라면 분명 내가 도울 일이 있었을 것이고, 폐업을 막을 수 있었을지도 모른다. 당시에 나는 홍콩 투자 회사에서 투자를 했던 중국의 대형 온라인 콘텐츠 업체와 게임 관련 업체를 잘 알고 있었고, 국내 게임 업체의 임원들도 잘 알고 있던 터였다. 나를 비롯한 투자자들의 무관심이 수백억 원을 투자하고도 게임 회사를 폐업에 이르게 한 것이다. 이 사실을 홍콩 투자 회사 직원들에게 말했을 때 투자를 하고 어떻게 가만히 있을 수 있느냐며 도저히 이해할 수 없다고 했다. 그 정도의 기술력을 갖춘 회사라면 충분히 좋은 거래를 할 수 있었다는 말에 할 말을 잃기도 했다.

지중해 부자가 한참 투자에 신경을 쓸 때, 시간만 나면 회사 탐방을 같이 가자고 했다. 그는 회사에 가면 별의별 것을 다 묻고 다녔다. 공장이나 경비실에 들러서 직원들에게 "회사는 다닐 만하냐?", "사장님은 잘해주시냐?", "월급은 꼬박꼬박 나오냐?"처럼 민망한 질문까지 해대는 턱에 고개를 못 들은 적이 한두 번이 아니다. 그래서 회사 탐방을 가면 최대한 멀리 떨어져서 다녔다.

마스크 팩을 만드는 회사에 갔을 때는 마스크 팩을 얼굴에 붙이고 회의를 한 적도 있다. 회의를 마쳤을 때 좀 더 써보게 샘플을 달라고 조르는 그의 앞에서 회사 담당자는 어찌할 바를 몰라 하며 나와 눈이 마주쳤다. 모든 민망함은 항상 나의 몫이었다.

그와 함께 탐방을 갔었던 회사 중에는 의료 장비를 만드는 회사도 있었는데, 무척 기억에 남는 회사였다. 사무실에 들어가면 다들 '저 노인네 또 왔네.'라는 표정으로 바라볼 정도로 자주 갔던 회사였다. 당시 회사의 규모는 크지 않았다. 관리를 담당하는 사무실에는 직원 3~4명이 있었고, 임원이라는 분은 갈 때마다 자리에 없어서 재무를 담당하는 직원이 항상 우리를 맞아주었다. 평범해 보이는 이 회사에 왜 이렇게 관심을 갖고 주식을 사는지 그때까지만 해도 이해할 수 없었다. 하지만 시간이 흐르자 그의 판단이 옳았음을 알게 되었다.

그가 이 회사를 높이 평가한 건 새롭게 개발하는 제품 때문이었다. 회사는 의료용 로봇을 개발하고 있었다. 나를 비롯한 직원들은 그 소식을 듣고 개발 가능성이 낮으며, 언제 개발될지도 모르니 나중에 어느 정도 윤곽이 나오면 그때 투자를 해도 늦지 않다고 말렸다. 하지만 그때는 이미 늦는다며 주식을 미리 사들였다. 또 회사를 자주 가보면 개발이 잘 진행되는지 느낌으로 알 수 있다며 틈만 나면 회사에 찾아갔다.

그는 그 회사에 대해 확신을 갖고 말했다.

"의료 사고가 많이 나는 이유 중 하나가 수술을 할 때 정밀하게 꿰매거나 연결하기가 어렵기 때문이야. 인간의 장기는 혈관과 힘줄로 복잡하게 연결되어 있어서 사람이 수술을 하다 보면 실수가 나올 수밖에 없거든. 더군다나 대형 병원의 의료진은 나이가 제법 있어서 정밀하게 수술하기가 쉽지 않지. 신경이 둔탁해지고 손도 떨리고 말이야. 그런 걸 로봇이 한다면 어떻겠는가? 의사는 수술에 대한 부담을 덜게 되고 환자도 신뢰가 가는 거지. 대부분의 병원이 도입할 정도로 무척 좋은 제품이 될 거야."

그동안 생산된 제품의 기술력으로 충분히 개발이 가능할 거라고 내다보며, 회사의 기술력을 높이 평가했다.

그는 회사에 갈 때마다 연구 실장을 만나 개발이 어디까지 진행되었는지 꼼꼼히 체크를 했다. 혹시라도 회사에 개발 인력이나 물질적 도움이 필요하면 그의 네트워크를 활용해서 최대한 돕겠다며 적극적으로 관심을 전했다.

3년 정도가 흐른 후 그 회사는 의료용 로봇 개발을 완료했고, 임상을 시작할 때 주가는 천정부지로 올랐다. 무려 5배가 넘는 수익을 올렸으니, 그의 꾸준한 관심 덕분에 회사의 자산

은 크게 불어날 수 있었다.

그 회사의 주식을 매도할 때 높은 수익률을 보면서 그가 말했다.

"돈을 투자했으면 자꾸 회사를 들여다봐야 돼. 한참을 들여다봐야 하는데 사람들은 주식을 살 때만 잠깐 관심을 두었다가 사고 나면 주가만 바라보거든. 그거 본다고 해서 주가가 오르는 것도 아닌데 말이야. 차라리 전화라도 한 통해서 고생 많다고 격려를 해주던가, 음료수라도 한 박스 사들고 공장을 찾아가는 게 훨씬 도움이 될 텐데 말이야."

그의 말을 듣고 게임 회사 투자 건이 떠올라 얼굴이 붉게 달아올랐다.

"주식은 애들하고 똑같아. 우량한 회사는 잘 키운 큰애와 같으니까 부모가 신경 쓸 필요가 없지. 말을 해도 듣지도 않고 말이야. 근데 중소기업은 사춘기에 들어선 둘째와 같거든. 언제 사고칠지 모르니 지속적으로 관심을 갖고 신경을 써야 해. 잘못하면 집을 나가버리기도 하거든."

이때부터 나는 투자한 회사에 지속적으로 관심을 가지기 시작했다.

2012년도에 투자 회사에서 현대자동차의 주식을 보유하고 있을 때 울산 공장에서 강의를 한 적이 있었다. 임원들을 대상으로 강의를 할 때 내가 생각했던 아이디어를 말했다. 투자한 회사에 대해 관심을 갖고 생각을 하다 보니 나온 것이었는데, 지금 돌이켜보면 기업의 운명을 바꿔놓을지도 모를 제안이었다.

"앞으로 전기 차가 시장을 선점할 것입니다. 그러니 지금부터 전기 차 연구에 집중할 것을 제안합니다. 그리고 전기 차의 생명은 이차 전지입니다. 그 기술은 국내의 LG화학이 세계 최고라는 걸 다들 아실 겁니다. 그리고 미래의 자동차는 첨단 전자 시스템으로 작동을 할 것이니, 그 분야의 세계 최고인 삼성전자와 손을 잡으십시오. 즉 현대자동차와 LG화학 그리고 삼성전자 이렇게 국내를 대표하는 3개의 대기업이 컨소시엄을 구성해서 최첨단 전기 차를 만들어보라는 것입니다. 세계 최고의 기술력을 갖춘 회사들이니 뭐가 만들어져도 범상치 않은 자동차가 나올 거라 생각합니다."

나의 의견을 듣고 여기저기서 고개를 끄덕이며 웅성거렸지만 결국 알다시피 그냥 좋은 제안으로 끝나고 말았다. 만약 그 제안을 받아들였다면 지금쯤 현대자동차는 테슬라를 앞선 세계 최고의 전기 차 회사가 되었을지도 모르는데 참 아쉽다.

테슬라의 시가 총액은 약 160조 원(2020년 5월 기준)으로 현대자동차의 약 20조 원보다 8배나 많으니 좀 더 빨리 우수한 기술력을 바탕으로 시장을 선점했더라면 하는 아쉬움이 남는다.

"나는 단 하루도 주식에 대해
생각을 안 해본 적이 없어."

– 지중해 부자

STORY 6

기술적 분석을
믿지 마라

지중해 부자와 함께 투자 회사를 이끌었던 대표들은 매년 설날 연휴(중국은 춘절)가 끝나면 홍콩에서 새해 회의 겸 모임을 갖는다. 지중해 부자는 은퇴를 했기에 가끔 나타나지만 대표들은 매년 무척 반가운 마음으로 모임에 참석한다.

홍콩은 야경으로 유명한 도시인데, 그중 개인적으로 가장 좋은 위치는 하버 그랜드 홍콩 호텔이라 생각한다. 구룡과 홍콩섬을 한눈에 볼 수 있는 곳이기 때문이다. 홍콩에 가면 주로 이 호텔에서 묵는다. 맨 위층 라운지에 조용히 앉아 눈부시게 아름다운 야경과 금융 회사들이 몰려 있는 센트럴 일대를 바라보면 지난 1년 동안 한국에서 있었던 투자에 대한 생각과 한 해를 계획하는데 많은 도움이 된다.

홍콩 투자 회사는 금융 회사들이 모여 있는 센트럴의 한 고층 빌딩에 입주해 있다. 오랫동안 영국의 투자 은행이 사용했던 사무실을 그대로 인수해서 쓰고 있는데, 사무실 전체가 목조로 둘러싸여 있어서 고급스러움과 독특한 향취가 나는 근사한 사무실이다. 왼편의 창가 쪽은 바다를 건너 침사추이까지 잘 보이는 좋은 전망을 갖추고 있는데, 유일하게 트레이딩 부서만이 그 좋은 자리를 차지하고 있다. 아무래도 신경을 많이 쓰는 부서이다 보니 창밖 풍경을 보면서 머리를 식히라는 배려인 듯했다.

트레이딩 부서에는 독특한 방식으로 수익을 내는 직원이 있었다. 말레이시아인으로 어릴 때 홍콩으로 건너왔다가 영국에서 금융 경제학을 전공하고 입사한 젊은 직원이었다. 그는 오로지 차트만 보고 매매를 했다. 재무제표나 회사에 대한 그 어떤 정보도 없이 그저 차트만 보고 매매를 하는데 수익률이 다른 직원을 압도하는 경우가 많았다. 회사에서 정해주는 월간 목표 수익률을 일찌감치 달성하고는 남은 기간 동안 휴가를 내고 어디론가 사라졌다가 월초에 다시 출근을 하는 괴짜 근성이 있는 친구였다.

그를 만나 두 번째 식사를 했을 때, 어떤 방식으로 매매를 하는지 물어본 적이 있다. 그는 별다른 방법 없이 '전고점 돌파 매매'를 한다고 했다. 전고점 돌파 매매란 주가가 떨어졌다가 오를 때 직전의 최고점 가격을 상향 돌파하면 매수를 했다가, 수익이 나면 바로 매도를 하는 단기 매매 방식을 말한다. 그것만으로도 이런 수익률이 가능하냐고 물어보니 금융 공학에서 배운 웬만한 기술적 분석 투자를 다 시도해봤지만 이 방법이 가장 성과가 좋다고 했다.

한국으로 돌아오면서 우리도 규격화된 투자 방식이 있으면 좋겠다고 생각했다. 그동안의 투자는 회사에 대한 정보 위주로 판단을 하다 보니 시장 상황에 따라 수익률이 변동되었는데, 기술적 분석을 추가하면 더욱 좋은 결과가 나올 거라 생각했다.

그때부터 금융 공학과 통계학(퀀트)을 전공한 직원들과 팀을 구성하여 온갖 기술적 분석을 연구하고 방법을 찾았다. 그렇게 오랜 기간 매달린 끝에 '라온1호'라고 이름이 붙여진 기술적 투자 방법을 만들어 냈다. (여기서 '라온'이란 즐겁다는 순우리말이며 '라온1호'는 '즐겁게 투자할 수 있는 방법'이라는 의미에서 붙여진 이름이다.) 이 방법은 차트와 보조 지표 몇 개를 겹쳐보면서 종목을 추출하고 매수 후에 약간의 수익을 보고 파는 단기 매매 방식이었다. 과거의 데이터로 테스트해본 결과 만족

할만한 결과가 나온 상태였다.

나를 포함하여 총 3명이 각각 1,000만 원의 투자금으로 실전 매매를 시작했다. 우리의 목표는 매일 평균 1% 이상의 수익을 내는 것이었다. 전날 매매할 종목을 미리 정해놓고 주가의 흐름을 보면서 신호가 발생하면 매수를 했다가, 1%(비용 제외) 정도 수익이 나면 바로 매도를 했다. 하루 평균 3개의 종목을 매매했으며 수순히 1% 이상의 수익을 냈다. 이 방식은 어느새 주변에 소문이 났다. 30일이 넘도록 마이너스 없이 수익을 내고 있었으니 그럴만했다.

그런데 생각지 못한 문제가 생겼다. 나를 비롯한 매매에 참여했던 직원들의 건강에 문제가 생긴 것이다. 온종일 모니터를 보면서 차트와 보조 지표를 분석해야 하고, 늦은 밤까지 종목을 찾아야 하니 눈알이 빠져나올 것 같았고, 목과 어깨는 시멘트처럼 딱딱하게 굳어져 있었다. 여기에 순간적인 매매(단타)를 해야 하기에 신경이 극도로 예민해졌다. 입맛도 없어서 식사도 대충 때웠는데, 이상하게 몸무게는 오히려 늘었다.

피곤한 몸을 이끌고 집에 가서 침대에 바로 누워도 잠을 잘 수가 없었다. 머릿속엔 하루 종일 봤던 차트와 각종 보조 지표들이 떠나질 않았고, 그날 매매했던 상황도 그대로 복기되었다. 하물며 꿈속에서도 매매를 하고 있었다. 당구에 한참 재미

를 붙이면 누워서 천장만 바라봐도 당구대로 보인다는 그 말
이 딱 어울리는 상황이었다. 나뿐만이 아니라 함께 매매를 했
던 직원도 힘들어하긴 마찬가지였다. 돈 좀 벌려다가 사람을
잡을 것 같아 매매를 중단해야 했다. 아무리 수익이 중요하다
해도 그런 식의 매매는 정상적으로 할 수가 없었다.

그다음 해 홍콩에 갔을 때, 그 말레이시아 친구는 어떤 식으
로 컨니션 관리를 하고 있는지 비셜을 알아보려고 사무실에
들렀다. 하지만 그 친구를 더 이상 볼 수 없었다. 몇 달 전 신
경 쇠약증으로 회사를 그만두고 병원에서 지내다가 몽콕 근처
에서 친동생과 함께 완탕면 식당을 차렸는데 아주 잘된다고
했다.

기술적 분석이란 과거의 주가나 거래량 등을 분석하여 일
정한 추세나 패턴을 찾아 주가를 예측하는 것을 말한다. 대부
분 보조 지표를 활용하는데, 대표적으로 주가 이동 평균선이
있다. 이동 평균선은 일정 기간의 주가 흐름을 산술 평균한 것
인데, 단기에는 5일 또는 20일 이동 평균선을 사용하고 중기
에는 60일, 장기 분석에는 120일을 사용한다.

단기나 중기 이동 평균선이 장기 이동 평균선을 아래에서
위로 뚫고 올라갈 때(상향 돌파)를 골든 크로스라고 한다. 반대

로 위에서 아래로 뚫고 내려갈 때(하향 돌파)를 데드 크로스라 한다. 골든 크로스는 주가의 상승 전망이 밝다는 신호이고, 데 드 크로스는 그 반대이다. 그래서 골든 크로스가 되면 주식을 사고, 데드 크로스가 생기면 매도를 하라고 사전적 또는 전문 가들에 의해 알려지고 있는데, 지금까지 경험한 바에 의하면 이 전략이 맞을 때도 있고 안 맞을 때도 있다. 다른 보조 지표 를 활용한 기술적 분석 매매도 마찬가지다. 그래서 기술적 분 석을 통한 매매는 시장 상황에 따라 순간적인 대응이 뒷받침 되어야 활용할 수 있다.

기술적 분석에 의한 투자는 하루 종일 투자에 매달리는 전 업 투자자들조차 오랜 기간 성공하는 경우가 드물다. 때문에 몇 번 수익을 냈다고 절대 맹신하거나 과신해서는 안 된다. 주 식 전문가들은 기술적 분석을 공부해서 나만의 투자 방법을 만들라고 하지만, 그건 회사를 만들어서 코스닥에 상장시키는 것만큼이나 어렵다고 생각한다.

주식 관련 TV나 인터넷 방송에서 실시간으로 주식 상담을 해주는 코너를 통해 전문가들이 기술적 분석을 한답시고 차트 나 보조 지표를 보면서 주가 예측을 해주는데 맞을 리가 없다. 또 기술적 분석에 의하면 올라갈 때가 됐다면서 종목을 추천을 하는데 역시 맞을 리가 없다.

지중해 부자는 기술적 분석을 통한 매매 방식은 얼씬도 못 하게 했다. 그는 기술적 분석은 인간이 그럴싸하게 만들어낸 과거 값의 조합이라며 투자에 도움이 되기보다는 그릇된 판단을 일으켜 혼란만 가중시킨다면서 선을 그었다.

기술적 분석은 과거의 데이터를 바탕으로 미래를 예측하는 것이다. 누적된 과거의 데이터를 분석해서 주가를 맞출 확률은 높일 수 있겠으나 열 번 중에 한두 번만 틀려도 손실이 커지게 된다. 가령 서너번 연속으로 수익이 났어도 그다음에 손실이 나면 수익금 대부분을 반납해야 한다. 물론 수익금은 따로 챙겨놓고 원금만으로 매매를 하면 손실을 줄일 수 있지만 그런 식으로 매매하는 사람은 거의 없다. 그래서 기술적 분석은 무척 어렵고 잘 맞지도 않으니 참고로만 이용하고 그것을 이용한 매매는 하지 말라고 한다.

기술적 분석을 찾는 사람은 주식 투자에 어떠한 비법이 있을 거라고 믿는 사람들이다. 처음엔 맞는 것 같지만 결정적인 순간에 잘못된 신호를 보내게 되고 이때 많은 돈을 잃게 된다. 이런 이유로 인해 주식 시장을 떠난 사람이 한둘이 아니다.

기술적 분석이 유용할 때도 있다. 차트나 보조 지표를 보면서 지금의 주식 시장이 상승장인지 하락장인지, 주식의 가격은 과거에 비해 올랐는지 내렸는지, 거래량은 얼마나 늘었고 외국인과 기관의 수급은 어느 정도인지 정도를 파악하는 데는 도움이 될 수 있다. 그래서 기술적 분석은 대략적인 추세 정도만 파악하는 용도로 사용해야지 매매 기법으로는 적절하지 않다.

우리가 했던 매일 1%의 수익을 내는 방법이 궁금하거나 그런 방법으로 투자를 하겠다면 알려줄 수는 있지만, 아마 한순간도 대응을 못 해 실수를 한다면 돈과 수명이 함께 줄어드는 결과를 각오해야 할 것이다.

기술적 분석을 통한 매매의 고통을 제대로 느낀 나와 직원들은 휴식을 취한 뒤 다시 모였다. 지난 매매가 힘들긴 했어도 매번 수익이 났던 그 방식을 버리기엔 아깝다는 생각이 들었기 때문이다. 논의 끝에 '사람이 하지 말고 컴퓨터가 자동으로 매매하도록 하자.'라는 결론을 내렸다. 그래서 우리가 알고 있던 모든 데이터와 매매 방식을 프로그램으로 만들고 컴퓨터가 알아서 매매하는 시스템 트레이딩을 구축키로 했다.

수개월간 프로그램 개발자들을 만나 논의를 했지만 프로그램은 쉽게 만들 수 있는 게 아니었다. 거액의 자금을 들여서 대형 프로그램 개발 회사에 문의를 해보라는 게 전부였다. 실시간으로 변하는 2,000개가 넘는 주식 데이터를 1초의 오차 없이 업데이트하고 정보를 분석해야 하는 점이 어렵다고 했다. 더군다나 매매를 하려면 증권사 HTS 시스템을 통해야 하는데 보안이 철벽같은 HTS와 연동하는 것은 거의 불가능에 가깝다고 했다.

고민하던 중 시스템 트레이딩을 전문으로 보급하는 회사를 알게 되었다. 자체적으로 자동 매매 시스템을 갖추고 있었고, 매수와 매도의 일정 조건식을 입력하면 자동으로 매매가 되는 시스템이었다. 아쉽게도 우리가 했던 매매 방식은 그들의 프로그램으로는 조건식으로 만들 수가 없었다. 하지만 이미 수익이 잘 나는 조건식들이 만들어져 있었고, 판매까지 되고 있었다. 회사 대표의 소개로 가장 괜찮은 시스템을 구입하여 테스트해보기로 했다.

처음 6개월 정도는 운영이 잘되어서 추가적인 자금을 투입했다. 컴퓨터가 인간보다 주식 투자를 잘한다는 게 선뜻 믿기지는 않았지만 4차 산업, AI의 시대가 다가왔다는 말이 그냥 나온 말이 아니라는 걸 느끼기에 충분했다. 몇 개월이 지나자 슬슬 시스템에 문제가 보이기 시작했다. 주식 시장에 과거에 없었던 일들이 발생하자 대처가 불가능했던 것이다. 그 당시 주식 시장은 메르스 사태와 미국의 금리 인상, 여기에 개성공단 가동 중단 등의 이슈로 서킷 브레이커가 발동되는 급락이 계속되었다. 급락 후에는 얼마 지나지 않아 복귀되었지만 시스템은 손절 값으로 인해 급락이 나올 때 마다 손절매를 해야 했다. 결국 반복되는 손절매로 인해 손실은 커질 수밖에 없었다.

시스템 트레이딩은 주식 정보에 대한 데이터를 숫자로 표현하어 매매가 이루어지기 때문에 메르스 사대 등과 같은 경제적, 사회적인 이슈는 전혀 적용되지 못하고, 할 수도 없다. 시스템 개발자에게 이런 이슈가 발생할 때마다 조건 값을 바꾸는 것이 어떻겠냐고 제안했지만, 이슈의 범위를 어디까지 정할 것인지와 그것을 숫자로 계량화하는 게 불가능하기 때문에 어렵다고 했다. 결국 기존 시스템을 그대로 운용했지만 2년 정도 지나면서 영국의 브렉시트 등 국내외에 발생한 경제적 사건으로 누적 손실이 늘어남에 따라 중단하게 되었다.

미래의 주식 시장이 과거의 사례처럼 흘러간다면 꾸준히 수익을 낼 수 있겠지만, 예상치 못한 사건이 발생하면 대응이 불가능하고 이때 발생한 손실을 만회하기가 무척 어렵다는 것이다. 100에서 50으로 떨어지면 50%의 손실이 발생하지만 100으로 만회하려면 손실의 2배인 100% 상승해야 한다. 이런 원리로 시스템이 추구했던 연 10% 정도의 수익률로는 급락장이 발생했을 때 원금 회복이 거의 불가능 했다.

　지중해 부자도 한때 시스템 트레이딩을 만들기 위해 적지 않은 돈을 쓴 적이 있다. 회사의 매매 방식을 프로그램화하여 시스템으로 만들려고 유능한 프로그램 개발자를 채용하고 수년간 매달렸지만 끝내 만들 수 없었다. 그 이유를 나중에서야 듣게 되었다.

　"주식 시장은 사람에 의해서 돌아가기 때문에 인간적인 탐욕과 공포가 언제 나타날지 모른다는 거야. 그것까지 대응할 수 있는 시스템을 만들려면 숫자로 나타내야 하는데, 그걸 어떻게 숫자로 만들 수 있겠어? 사람의 마음은 귀신도 모르는데 말이야."

　그는 미래가 되어서 주식 거래의 80% 이상을 컴퓨터가 매매하는 시대가 된다면 그때는 가능할 것이라고 했다. 그리고 그때가 되면 시스템끼리 경쟁하는 주식 시장이 될 거라고 했다. 어떠한 시스템의 매매 방식을 학습한 다른 시스템이 그 시스템을 이용하면서 수익을 낼 것이고 또 그 시스템을 학습한 시스템이 그 시스템을 이용하는, 결국 기능이 더 발달한 시스템이 시장을 주도하는 시대가 될 거라는 것이다. 그런 시대가 된다면 주식 시장은 더 혼란스러워 질 것이다. 때문에 인간이 주도하는 주식 시장이 계속될 거라 생각한다.

투자자들은 대부분 편리함 때문에 시스템 트레이딩을 원한다. 골치 아프게 신경 쓸 것 없이 그저 컴퓨터만 켜놓으면 자동으로 종목을 정하고 매매를 하니 꾸준히 수익만 얻을 수 있다면 이것보다 좋은 것이 없다.

인터넷에서 시스템 트레이딩을 찾아보면 크고 작은 시스템 종류가 수백 개에 이르지만 시시각각 변하는 경제 상황에서 제대로 살아남은 건 없다. 과거에 퀀트를 전공한 사람들이 통계 프로그램을 만들고 좋은 성과가 나와서 투자 자문사를 설립했다. 곧 고객의 자금을 유치하여 운용했지만 결과는 테스트할 때와는 확연히 차이가 났다. 그 이유는 1억 원으로 테스트 한 것과 100억 원을 운용하는 것은 종목 선정부터 매매 방식까지 완전히 달랐기 때문이다. 그래서 시스템 트레이딩은 단순히 테스트 결과만 보고 섣불리 판단하면 안 되며 실제 계좌의 운용 규모와 수익률을 함께 체크해야 한다.

고등학생이 된 큰아이가 사무실에 놀러왔을 때 그 당시 운용했던 시스템 트레이딩을 보여준 적이 있다. 어릴 적부터 코딩을 배웠던 아이라 무척 흥미로워했다. 자동으로 주식을 매매를 하면서 돈을 벌 수 있다는 점이 좋아 보였는지 자신도 수익이 잘 나는 조건식을 만들어보겠다며 프로그램을 본인의 컴퓨터에 설치해달라고 했다. 주식의 주 자도 모르는 아이가 무슨 조건식을 만드냐는 생각이 들었지만 원하는 대로 설치를 해주었다.

며칠 후 놀라운 일이 벌어졌다. 아이가 만든 조건식으로 최근 3년간을 테스트한 결과, 누적 수익률이 무려 700%가 넘는 결과가 나온 것이다. 말도 안 되는 수익률이 믿기지 않았지만 어떻게 그걸 만들었는지가 궁금했다. 큰아이는 단순히 과거의 데이터를 보면서 여기에 적합하도록 조건식을 계속 수정한 것이었다. 즉, 차트를 보면서 특정 기간에 상승이 시작되면 주식을 왕창 샀다가 떨어지기 직전에 팔고, 또다시 상승하면 샀다가 팔고 이런 식으로 과거 상황에 맞춰 시스템을 만들다 보니 수익이 당연히 좋을 수밖에 없었다.

주식을 모르는 고등학생도 며칠 만에 수백 퍼센트의 수익이 나는 시스템을 만드는 형국이니 그쪽에 정통한 사람들은 얼마나 더 대단한 시스템을 만들어 낼 수 있을까. 대부분 과거의 데이터로 조작하듯이 만든 시스템이니 수익률에 현혹되질 않길 바란다.

한마디만 더 하자면 직접 경험해본 결과 내가 매매를 해서 손실을 입은 것보다 컴퓨터가 매매해서 손실을 입은 게 훨씬, 그것도 아주 훨씬 더 기분 나쁘고 화가 난다는 사실이다. 시스템 매매에 관심 있는 사람이라면 참고하길 바란다.

"주식으로 돈을 벌 수 있는
특별한 방법이 있었다면
주식 시장은 존재하지도 않았겠지.
누구나 돈을 벌 텐데
그 돈은 어디에서 오겠어."

— 지중해 부자

STORY 7

주식 전문가들

한 증권사에서 주식 투자 강연회를 개최하여 참석한 적이 있다. 자신만의 특별한 방법으로 놀라운 수익률을 기록 중이라면서 비법을 공개한다는 홍보 이메일을 보고 참석했다. 얼마나 많은 사람들이 왔는지 휴일임에도 빈자리는 찾아볼 수가 없었다.

　　주식 전문가라고 소개받은 강사는 국내외 경제 상황과 주식 시장에 대해서 얘기를 하면서 모두의 관심사인 방법을 언제 공개할 건지 계속 뜸 들이고 있었다. 강의가 끝날 무렵 드디어 비법이 공개되었다. 강의를 주최한 증권사에서 이번에 새롭게 HTS를 만들었는데 그걸 활용하여 매매를 하는 것이었다. 새로운 기능을 소개하면서 매수와 매도 시점을 알기 쉽게 볼 수 있도록 했는데, 앞으로 올라갈 가능성이 높으면 차트에

밝은색의 특정한 모양이 표시가 되고, 반대로 떨어질 가능성이 높으면 어두운색으로 모양이 표시되었다. 종목을 검색하면 자체적으로 분석하여 종합적인 점수도 알려주었다. 그러니까 높은 점수를 받은 종목으로 특정 모양에 따라서 매매를 하는 것이 놀라운 수익률의 비법이라고 했다. 물론 공짜는 아니다. 그 시스템을 이용하려면 높은 매매 수수료를 내야 했다.

몇 개월 후 강남에서 고액 자산가를 대상으로 금융 세미나를 한 적이 있었는데 1부에서는 내가 강의를 했고, 2부에서는 몇 달 전 주식 투자 비법을 강의했던 그 강사가 나왔다. 강사 대기실에서 잠깐 인사를 나눌 기회가 있었는데 HTS 시스템을 따라 하면 정말로 놀라운 수익이 나는지 궁금했다.

명함을 받고 보니 그는 증권사 PB였다. 한마디로 투자 비결을 알려주는 게 아니라 증권사 홍보를 위한 강의를 한 것이었다. 그 이후로도 그와 몇 번의 연락을 통해 강남의 한 중식당에서 점심 식사를 했다.

그때 수익이 정말 잘 나는지 물어봤다. 그의 대답은 명쾌하게 예스였다. 특히 HTS 시스템을 이용해 본인만의 독자적인 방법으로 매매를 하는데 수익률을 보고 위탁받은 계좌 금액이 무려 500억 원이 넘는다고 했다. 주로 중소기업 사장님과 고

위 공직자, 기업의 임원들이 고객이라는 말까지 했다.

그와 몇 번을 만나본 후 도대체 어떤 방식으로 매매를 하기에 고액 자산가들이 돈을 맡기는지 궁금했다. 그래서 내 자산도 맡아달라고 하니 최소 10억 원 이상은 있어야 한다며 거절했다. 당시 나에게는 그런 현금이 없었기에 1년 정도 후 회사 자금을 포함해 수억 원의 돈을 맡기게 되었다.

회계 처리를 위해 PB에게 한 달 동안 매매한 거래 내역서를 부탁했다. 거래 내역대로 회계 장부에 기록을 해야 하기에 꼭 필요한 서류였다. 며칠 뒤 등기로 받은 거래 내역서를 보고 회계 담당이 아연실색하며 나에게 왔다. 수익률에 문제가 생긴 줄 알았는데 그게 아니라 거래 내역이 너무 많이 발생한 것이었다. 한 달간의 거래 내역은 많아야 한두 장으로 끝나는데 무려 열 장이 넘는 거래 내역서가 온 것이다. 하루에 열 번 넘게 매매가 있던 날도 있었고, 같은 종목을 하루에 두 번 이상 매매한 적도 있었다. 그런 내용을 일일이 장부에 기록을 해야 하는 어려움보다 매매 비용이 문제였다. 이런 식의 매매라면 손실이 나는 건 시간문제였다. 즉시 전화를 걸어 따졌더니 수익이 나면 되었지 왜 매매하는 것까지 따지냐는 식의 답변만 들었다. 수개월 동안 손실은 없었지만 당시 상승장치고는 그렇다 할 수익도 없었다. 그동안 지불한 세금과 수수료를 계산해

보니 더 이상 맡길 수가 없었다. 바로 계약을 해지하고 원금 정도를 돌려받았다.

지금은 비대면 계좌로 인하여 수수료가 저렴하지만 당시 수수료는 증권 거래세(세금) 0.3%와 매매 수수료(증권사 온라인 기준) 0.03%를 합쳐 총 0.33%를 내야 했다. 만약 PB에게 맡기면 증권사 매매 수수료가 0.5%까지 올라가서 총 0.8%에 이르는 매매 비용을 내야 했다.

그 정도 수수료면 별것 아니라는 생각이 들겠지만 매매를 매일 한다면 상황은 완전히 달라진다.

예를 들어 1억 원으로 매일 한 번씩 주식을 사고팔았다면 수수료만 하루에 33만 원(온라인 기준 0.33%)을 내야 한다. 한 달 20일을 거래하면 660만 원이고, 1년이면 7,920만 원이나 된다. 즉 연간 79.2%의 수익을 내야 본전인 것이다. PB에게 맡기면 이보다 2~3배는 더 높은 수수료를 내야 한다. 일주일에 한 번씩 매매를 한다 해도 최소 연 10% 이상의 수익을 내야 본전이다. 이래서 단타로 돈 번 사람이 없다는 말이 나오는 것이다.

증권업에서 일하는 사람들을 이해 못 하는 건 아니다. 상사로부터 가능한 많은 거래를 일으켜 수수료를 받아야 한다는

MONEY WORKING

압박과 그것이 성과로 측정되어 상여금을 받다 보니 당연히 거래 수를 늘리려고 했을 것이다. 하지만 적당한 매매로 바뀌어야 고객이 계속 남아 있을 텐데 소탐대실하는 모습이 안타깝다.

미국의 월가에도 주식 투자를 잘해서 부자가 된 사람보다 주식 매매를 자주하는 방식의 영업을 잘하거나 헤지 펀드를 많이 팔아서 높은 수수료로 인해 부자가 된 사람이 훨씬 더 많다고 한다.

수수료나 수익에 불만이 생긴 고객은 이탈하겠지만 전혀 문제가 없다. 주식 시장이 좋아지면 새로운 고객이 항상 찾아오기 때문이다. 결론적으로 소위 전문가로 불리는 사람들에게 돈을 맡기는 건 좋은 방법이 아니다. 그가 정말 능력 있는 사람이라면 맡기는 것보다 일정한 비용을 지불해서라도 매매 정보를 얻고 직접 매매하는 것이 투자에 훨씬 도움이 된다.

한참 주식 투자에 열을 올리고 있을 시기에는 아침에 일어나 증권 방송을 보는 게 하루의 시작이었다. 밤새 일어난 미국과 유럽의 증시를 알 수 있고, 시간대별로 주식 전문가들이 출연하여 올라갈 종목을 추천하고 있었기 때문이다. 가만히 듣고 있으면 투자에 도움이 될 것 같아 기대감을 갖고 매일 들었다.

어느 날 우리 회사가 보유했었던 종목을 아주 유명한 전문가가 추천했다. 그는 많은 유료 회원을 보유하고 있었고, 그가 추천하면 대부분 오른다는 정설도 있었다. 나는 그가 추천했던 회사에 대해서 무척 잘 알고 있었다. 우리 회사가 수년 동안 탐방을 했고, 주요 거래처와 신규 사업의 진행까지 알고 있었다. 몇 개월 전 신규 사업이 어려워져서 다른 아이템으로 전환한다는 얘기를 듣고 더 이상 기다릴 수가 없어서 처분을 했다.

전문가는 그 회사를 추천하면서 신규 사업이 잘 진행되어서 이제부터 본격적인 매출이 나올 거라며 강력하게 이야기했다. 그게 무슨 소리인가 싶어 바로 회사에 전화를 했다. 자주 만났던 주식 담당자에게 사실을 물어보니 "무슨 말도 안 되는 소리를 하느냐."며 어이없어했다.

방송이란 게 무섭긴 하다. 잠잠하던 회사의 주가는 방송이 나가자마자 갑자기 거래가 늘면서 15%까지 상승했다. 그다음 날도 상승을 하다가 다시 제자리로 돌아왔다. 그때 많은 생각을 하게 되었다. 만약 '그 회사의 주식을 팔지 않고 보유했다면 높은 가격에 팔 수 있었을 텐데.'라는 아쉬움도 들었다. 무엇보다 마음만 먹으면 유명한 전문가를 이용해서 얼마든지 주가를 올릴 수도 있겠다는 생각이 들자 아찔하기까지 했다. 시가 총액이 작은 주식은 유명 전문가의 말 한마디에 순식간에 10~20%까지 오르내리는 건 아무 일도 아니었다. 그래서인지 그들이 삼성전자와 같은 대형주를 추천하는 건 거의 보질 못했다. 규모가 작은 소형주를 추천해야 그 방송을 들은 사람만으로도 주가가 상승할 수 있기 때문이다. 이런 상황을 바라본 사람들은 착각에 빠진다. 전문가가 추천하는 건 대부분 오른다고 생각하게 되고 주식을 같이 사면시 매수자는 더 늘게 되어 주가는 더 올라간다.

얼마나 돈 벌기 쉬운 방법인가. 본인의 유명세로 주가는 올라가고 본인은 더욱더 유명해진다. 누군가는 재빠르게 팔고 나오면서 돈을 벌겠지만 대부분의 개인 투자자는 높은 가격에 샀다가 손해를 보고 나오게 된다.

SBS 경제 라디오에 2년 정도 출연한 적이 있었다. 나와 함께 출연했던 사람 중에는 한 증권사의 임원이 있었다. 나는 개인 자산 관리와 경제에 대한 내용을 전했고, 그는 오로지 주식에 대한 내용만 전했다. 가끔 진행자가 오늘 주식 시장은 어떨 것 같냐 혹은 어떤 주식이 앞으로 오를 것 같냐는 식의 질문을 하면 그는 몹시 당황하며 모른다고 대답했다. 대개 어느 정도 예상치를 말하는데 그는 정말 모른다고 대답했다.

여의도에서 그와 함께 식사를 한 적이 있었는데 대낮임에도 불구하고 소주 두 병을 연거푸 마셔서 당혹스러운 적이 있었다. 그가 맡은 주식운용팀에서는 어떤 주식을 많이 보유하고 있었는데, 작전 세력에 놀아나다가 급락을 했다며 마치 1톤무게의 바위를 짊어진 것처럼 어깨를 축 늘어뜨리고 말했다. 자세히 들어보니 그 당시 증권 방송에서 유명했던 주식 전문가 3명이 작전에 참여했다고 했다. 주식을 미리 대량으로 사둔 다음 한 명이 방송에서 주식을 추천하면 1차 상승을 하고, 두 번째 전문가가 추천을 하면 2차 상승을 한다. 가장 유명한 사람이 마지막으로 적극 추천을 하면 강한 3차 상승이 나오면서 이들은 미리 사두었던 주식을 팔고 나가는 식이었다. 그의 주식운용팀은 갑작스런 상승과 하락에 아무런 대응도 못 하고 지켜만 보고 있었다고 했다. 금감원의 감시가 심해져서 예전보다는 많이 나아졌지만 법망을 교묘하게 피해가는 그들의 작전 수법은 지금도 여전하다고 했다. 종목을 추천했는데 주가가 올랐다고 해서 불법은 아닌 것이다.

주식이라는 분야에 과연 전문가가 있을까?
법률, 회계, 경제, 동물, 의료 등의 학문적인 분야에는 오랫동안 공부하고 경험을 쌓은 전문가가 있겠지만 주가를 예측해야 하는 주식 분야에는 전문가가 있을 수가 없다. 과학적으로 입증할 수도 없고 역사상 존재한 사람도 없다. 특정 종목을 추천하는 이유야 있겠지만 어디까지가 진실인지 그 속내는 알 수가 없다. 우스갯소리로 애널리스트가 추천하는 종목은 그가 속한 증권사에서 많이 보유한 종목이고, 펀드 매니저들이 집중적으로 매수하는 종목 역시 운용사가 많이 보유한 종목이라는 말이 있다. 주식 투자를 살하게끔 이끌어주는 전문가는 아닌 것이다. 그 이후로 증권 방송은 더 이상 시청하지 않는다.

지중해 부자에게 왜 하필 지중해로 이사를 갔냐고 물어본 적이 있었다.

"한국이랑 홍콩에서 제일 먼 곳으로 간 것뿐이야, 다른 이유 없어. 내가 오죽하면 그 먼 곳으로 갔겠어. 주식으로 돈 좀 벌었다는 소문이 나니 죄다 전문가라는 사람들이 투자 제안서니 회사 소개서를 들고 찾아오는데 살 수가 있어야지. 오는 사람을 막을 수도 없고 말이야."

그런 정보를 가만히 앉아서 얻으면 좋은 것 아니냐고 물었다.

"주식 투자는 말이야, 좋은 정보를 얻으면 쉽게 벌 것 같지만 그런 정보는 거의 없어. 내가 실력이 된다면야 그 많은 정보 중에 걸러내면서 좋은 것만 추릴 테지만 난 그럴 능력이 없거든. 너무 많은 정보는 합리적인 판단을 방해하게 되어 있어. 그래서 오랫동안 투자 시장에서 살아남으려면 소음에 방해받지 않도록 조용한 환경부터 만드는 게 먼저인 거야."

그는 자산이 크게 늘었을 때 지중해로 이사를 갔고, 홍콩과 서울에 있던 투자 회사의 업무와 투자 보고를 이메일로 받았다. 중요한 의사 결정이 필요할 때 1년에 한두 번 정도만 회사를 찾았다.

환경이 사람을 만든다는 말이 있다. 투자도 마찬가지다. 복잡한 환경에 있으면 투자도 복잡해진다. 복잡한 투자는 오래 하기 힘들다. 그래서 단순한 투자를 위해 다들 조용한 곳으로 떠나는 것이다. 워런 버핏만 봐도 알 수 있다. 그가 왜 투자 정보와 전문가들이 넘쳐나는 월가를 뒤로하고 조용한 오마하에서 투자를 할까? 광기가 어린 시장에서 벗어나 자신만의 차분한 투자를 하기 위해 조용한 곳으로 떠난 것이다. 워런 버핏과 점심 식사를 한 유명한 투자자 가이 사파이어 역시 버핏을 만나고 나서 월가를 정리하고 조용한 스위스의 취리히에 자리를 잡았다. 그 결정이 투자 인생에서 최고의 결정이었다고 했고 그 이후로 수익률은 놀라울 정도로 좋아졌다고 했다.

나도 복잡한 여의도를 떠나고 싶다는 생각이 간절하지만

우리 회사가 투자하는 종목 중 공모주를 빼놓을 수 없기에 떠날 수가 없다. 공모주는 업무상 증권사가 모여 있는 곳이 편리하기 때문이다. 언젠가는 나도 조용하고 한적한 곳으로 떠날 것이라 고대하고 있다.

"나도 주식 전문가란 말을 써본 적이 없는데,
왜 이렇게 주식 전문가란 사람이 많은지 몰라."

– 지중해 부자

레버리지와 대출은
절대 금물

1,000만 원을 투자해서 10% 수익이 났다면 100만 원을 번 것이다. 하지만 1,000만 원에 대출 1,000만 원을 받아서 총 2,000만 원을 투자해 같은 수익이 났다면 200만 원이 생긴다. 여기에 대출 이자 10만 원을 빼면 순수익은 190만 원이니 같은 수익률이라도 수익금은 거의 두 배에 가깝다. 이것이 레버리지 효과이다.

    반대의 경우는 어떨까? 마이너스 10%가 났을 경우 1,000만 원만 투자해도 100만 원 손실. 1,000만 원을 대출받아서 2,000만 원을 투자하면 200만 원 손실에, 이자 10만 원을 합하여 210만 원 손실이 난다. 같은 비율로 수익(10%)과 손실(-10%)을 반복했다면 계산상으론 원금이 될 것 같은데, 잔고를 보면 마이너스 20만 원(190만 원 수익 - 210만 원 손실)이 된다. 수익과 손실이 반복되는 주식 투자의 특성상 레버리지는 결국 더 많은 돈을 잃게 만든다.

몇 년 전 KBS 라디오에 출연하여 실시간으로 돈과 관련된 전화 상담을 해준 적이 있었다. 당시에 인기를 끌던 개그맨 두 명이 진행하던 프로그램인데, 첫 출연 후 반응이 좋아서 몇 번 더 출연했다. 그때 전화 통화를 했던 분 중에 대선에서 장사를 하는 분이 있었는데, 개인적으로 만나고 싶다면서 여의도로 찾아온 적이 있었다.

60대 중반 정도로 보이는 그는 치킨 가게를 운영하고 있고 주식 투자에 관심이 많아서 20년째 투자를 하고 있으며, 방송에서는 할 수 없는 얘기가 있다면서 말문을 열었다. 그는 아내 몰래 '주식 선물 투자'를 하고 있었는데 얼마 전 어마어마한 손실을 입고 이를 만회할 수 있는 방법을 찾고 싶다는 것이었다.

그는 주식으로 간간히 용돈 정도는 벌었다고 했다. 그러다가 주식 선물이라는 걸 알게 되었고, 어차피 수익을 낼 거 좀 더 많이 내자는 욕심에 주식 선물로 투자를 변경했다.

파생 상품인 주식 선물은 원금 대비 약 5배의 레버리지를 낼 수 있다. 또 하락에도 베팅을 할 수 있어서 개인들의 공매도 대안으로 활용되기도 한다. 그는 한 달에 1~2% 정도의 수익을 낼 수 있었는데 주식 선물을 하면 같은 수익률로 10%까지 수익을 높일 수 있으니 욕심을 냈다고 했다.

그는 치킨 가게를 오후 5시에 열기 때문에 비교적 여유롭게 투자를 할 수 있었다. 그의 기대대로 주식 선물로 바꾸자 수익률이 좋아졌고, 치킨 가게를 그만두고 전업 투자자로 전향할 것을 고민할 정도였다고 한다.

그러던 어느 날, 단 한 번의 매매로 모든 걸 날리게 되었다. 바로 현대차 주식 선물 매수 포지션(올라야 수익)에 투자를 했다가 주가가 급락하는 바람에 모든 걸 잃게 된 것이다.

그의 매매 내역을 살펴보면 다음과 같다.

- 2018년 5월 8일 1차 매수, 현대차 주가 16만 원, 투자금 1억 원 × 5배 레버리지 = 약 5억 원 주식 선물 매수

- 2018년 5월 17일 2차 매수, 현대차 주가 15만 2,000원, 투자금 1억 원 × 5배 레버리지 = 약 5억 원 추가 주식 선물 매수

- 2018년 6월 4일 3차 매수, 현대차 주가 14만 4,000원, 투자금 1억 원 × 5배 레버리지 = 약 5억 원 추가 주식 선물 매수

- 이후 주가 하락으로 마진 콜(증거금 부족)이 발생하여 대출받아 2억 원 투입

약 20일간 투자 원금 3억 원으로 15억 원까지 레버리지를 일으켜 매수했고, 이후 주가 하락으로 인한 마진 콜이 발생하자 집을 담보로 2억 원의 대출을 받아 증거금을 납입했다. 주가가 올라 매수할 수 있는 기회가 생기자 추가 매수를 했다.

- 2018년 7월 4일 전액 청산, 현대차 주가 12만 원, 손실 5억 원 발생(평균 매수 단가 151,000원, 수익률 −20% × 5배 레버리지 = -100%)

그는 주식 선물을 시작하면서 2,000만 원 정도를 벌었고, 그동안 장사를 하면서 모아놓은 2억 8,000만 원과 대출 2억 원을 더하여 총 5억 원을 투자를 했다가, 무리한 레버리지로 인하여 2달 만에 2억 원의 빚만 남긴 채 모든 걸 잃고 말았다.

1차 매수를 했을 때 주가가 떨어지면 손절하고 나오지 왜 계속 매수를 했냐고 물으니, 그는 마치 귀신에 씌인 것처럼 자꾸 돈을 끌어다 살 수 밖에 없었다고 했다. 대기업인데다가 본인의 20년 투자 경험상 이렇게 빨리 떨어지면 조만간 반드시

반등이 있을 거란 확신이 있었다고 했다.

그 당시 현대차 주가는 한 달 정도가 지나 13만 5,000원까지 반등했다. 하지만 5배 레버리지는 -20%만 발생해도 100% 손실이 발생되기 때문에 기다릴 것도 없이 자동적으로 청산이 이루어진 것이다. 만약 레버리지를 사용하지 않고 원금 3억 원만으로 같은 매도 가격 12만 원에 팔았다면 약 6,000만 원만 손해를 보고 말았을 텐데, 5억 원의 손실이 발생했으니 안타깝게도 너무 큰 손실을 본 것이다.

무리한 레버리지와 대출까지 받은 투자는 이렇게 한순간에 모든 걸 잃게 만든다. 모든 걸 잃으면 다음 기회가 없기 때문에 아무리 확신이 들어도 원금 이상을 투자해서는 안 된다는 걸 명심해야 한다.

그는 오늘도 치킨 가게를 열심히 운영하면서 대출을 갚고 있지만 깊게 파인 상처는 쉽게 아물지 않을 듯하다.

여의도에도 레버리지에 얽힌 어느 투자자의 유명한 일화가 있다. 전직 의사였던 그는 그동안 모아놓은 5억 원을 들고 전업 투자자로 입성했다. 의학 분야에 밝았던 그는 바이오 회사 위주로 투자를 했는데 꽤 성공적인 성과를 냈다. 투자 규모가 커지자 어느 증권사에서 그에게 개인 트레이딩 룸을 제공했고, 그에게만 레버리지를 높게 쓸 수 있는 특별한 혜택을 주었다. 그는 높은 레버리지를 활용하여 투자를 했다. 마침 바이오주의 붐으로 인해 그의 주식 자산이 200억 원까지 불어나게 되었다. 이때부터 많은 전업 투자자들 사이에서 레버리지 활용이 회자되었고 유행처럼 번지기 시작했다.

그의 목표는 500억 원이 되었을 때 주식 시장을 떠나고 그 돈으로 바이오 회사의 지분을 인수하는 것이었다.

그로부터 1년 정도가 지났을 때 바이오 회사의 잇따른 임상 실패와 해외 수출 계약 파기 등으로 시장의 거품이 꺼지기 시작했고, 그가 보유했던 200억 원은 순식간에 사라져버렸다. 그는 목표 금액인 500억 원을 달성하기 위해 더 높은 레버리지를 썼다가 한순간에 원금까지 날린 것이다.

이처럼 레버리지를 썼다가 망했다는 일화는 주식 투자 실패담에 단골손님이다. 그만큼 레버리지는 성공한 경우보다 실패한 경우가 대부분이다.

지중해 부자도 레버리지에 대한 아픈 기억이 있다. 과거의 레버리지란 지인들에게 돈을 빌려서 투자하는 것이었다. 당시에 아무리 싸게 빌려도 2부 이자(1억 원을 빌리면 매달 200만 원씩 내는 이자)를 내야 했다. 즉 연 24% 이상을 벌어야 본전인 것이다. 그가 주식 투자로 소문이 나자 출근만 하면 사람들이 찾아왔다.

"주식으로 돈 좀 번다고 소문나니까 사람들이 자기 돈 좀 갖다 쓰라고 마구 찾아오는 거야. 그땐 주식을 조금 알게 된 터라 내 돈 만으로는 한계가 있겠더라고, 같이 투자하는 사람들도 죄다 주변의 돈을 끌어다 투자를 하기에 나도 덥석 받았지. 장이 좋으면야 얼마든지 돈을 벌었겠지만 하락장이 시작되니까 매달 갚아야 하는 이자에 발목이 잡힌 거야. 그걸 메우려고 매번 무리하게 투자를 하다 보니까 손실만 커져갔지. 그걸 알고 돈을 빌려줬던 사람들이 매일 찾아왔어. 혹시 내가 도망가거나 원금을 못 받을까봐 걱정이 됐던 게지. 결국 살고 있던 집까지 팔아서 모두 갚아주고 나서야 깨달았지. 주식 투자는 돈이 많을수록 유리한 건 맞지만 남의 돈은 그리 도움이 안 된다는 걸 말이야."

그럼 지금까지 회장님의 돈으로만 자산을 불렸냐고 물어봤다. 그가 과거를 회상하면서 대답했다.

"아니야, 내 돈만으로 투자했으면 그럭저럭 먹고사는 정도에 그쳤을 거야. 어떻게 하다 보니 또 남의 돈을 끌어왔는데 예전처럼 매월 이자를 주는 방식이 아니라 함께 투자하는 방식으로 바꾸니까 훨씬 좋아지더라고. 투자 회사를 만들고 그

곳에 돈을 넣은 만큼 지분을 줬어. 회사는 그 돈으로 투자를 했고, 매년 지분만큼 배당금과 수익금을 정산해줬지. 손실이 나도 다 함께 손실을 본 거니까 부담이 없고 말이야. 난 수익에 30%를 보수로 받았는데 그때부터 많이 벌게 되었어."

나 역시 레버리지에 대한 뼈아픈 경험이 있는데 생각하고 싶지도 않고, 실패담만 얘기하는 것 같아 생략하겠다.

"2배 빨리 망하고 싶으면 레버리지를 쓰고,
2배 더 고생하고 싶으면 대출받아서 투자해."

– 지중해 부자

STORY 9

혼자서
판단하지 마라

　　나의 주식 투자 경험담을 지중해 부자에게 말한 적이 있다. 홍콩 투자 회사의 한국 법인을 맡은 지 얼마 안 돼서 처음으로 참석한 홍콩에서의 회의 때였다. 회의 전날 인천 공항에서 출발해 홍콩에 도착하자마자, 회사 근처의 호텔에 짐을 풀고 그가 묵고 있는 하버 시티 마르코폴로 호텔로 달려갔다. 마르코폴로 호텔은 복잡한 쇼핑센터 안에 있어서 입구는 평범해 보이지만 막상 안으로 들어가면 오랜 전통이 느껴지는 고급스런 분위기의 호텔이었다. 그가 홍콩에 올 때마다 머무는, 특별하게 좋아하는 호텔 중 하나이다.

　　객실로 들어가자 전면 창으로 바다 건너 홍콩 섬이 한눈에 들어왔고, 응접실에는 궁전 스타일의 금테를 두른 커다란 벨벳 소파와 테이블이 고급스러우면서도 모던한 분위기를 만들어냈다. 그가 테이블에 앉을 때 강한 햇볕이 그의 얼굴을 비추었는데, 안경 속으로 나타난 자글한 주름이 더 많아 보였지만 웃고 있는 그의 혈색은 여전히 건강해 보였다.

우리는 룸서비스 직원이 가져온 홍차와 과일을 먹으면서 얘기했다. 그는 나에게 회사를 이끌어갈 도움이 될 만한 회사 경영 체계를 자세히 말해주었다. 이미 들었던 얘기지만 같은 말을 반복하는 그의 특기는 이곳에서도 예외는 아니었다.

그의 투자 회사는 크게 투자 부서와 관리 부서로 나누어져 있다. 투자 부서에는 트레이더들이 매매를 담당하고, 부서장은 총괄적인 책임을 진다. 인사, 회계, 총무와 같은 일은 관리 부서에서 맡는다. 여기까지는 여느 회사와 별반 다를 게 없다.

회사에는 리스크팀이라고 불리는 별도의 팀이 있었는데 일반 금융 투자 회사의 준법 감시팀이나 리스크 관리팀과 비슷한 성격으로 직원들의 업무와 경영 상태를 수시로 감시하고 관리하는 부서였다. 이 팀은 지중해 부자의 직속 부서로 나를 비롯하여 그 누구도 관여할 수가 없었다. 우리가 무얼 하든 리스크팀으로 즉시 전달되었고, 지중해 부자는 모든 사안을 리스크팀으로부터 보고받았다. 한마디로 가만히 앉아서 회사가 돌아가는 모든 것을 꿰뚫어보고 있는 것이었다. 처음에는 감시당하는 것 같아 기분이 나쁘기도 했고 일일이 보고를 해야 해서 불편하기도 했지만, 시간이 지나고 보니 리스크팀 덕분에 회사가 안정적으로 운영이 된다는 것을 알게 되었다.

투자 회사는 돈을 다루는 업무 특성상 리스크가 항시 존재한다. 대표 이사나 임원에게 권한이 많으면 투자 결정의 오류가 발생하기 쉽고, 횡령과 같은 사건도 얼마든지 일어날 수 있다. 이런 일을 사전에 막기 위해 리스크팀을 만든 것이다. 돈에 관련된 일은 벌어지기 전에 조치를 취해야지 벌어지고 나면 주워 담기가 어렵기 때문이다. 아무리 적은 돈을 투자하더라도 반드시 리스크팀을 통해 보고해야 하며 허가가 떨어져야 진행을 할 수 있었다. 결정이 빨리 날 때도 있지만 몇 달이 지나도록 지지부진한 경우도 있었다. 어떤 종목에 투자 결정을 기다릴 때 주가가 오르기 전에 빨리 사고 싶었는데, 결정이 늦어지는 바람에 좋은 기회를 놓친 적도 있다. 하지만 시간이 지나고 보니 대부분 빨리 샀더라면 후회할 상황이 더 많았다. 리스크팀을 통하여 지중해 부자가 회사를 감시하고 간섭하는 것 같지만 투자에 있어서는 훌륭한 파트너인 셈이었다.

이런 방식은 개인 투자자에게도 무척 도움이 된다. 내가 투자에 실패했던 결정적인 이유는 투자 결정을 '혼자서' 내렸다는 것이었다. 투자란 게 잘될 수도 있지만 안되면 그 뒷감당을 어떻게 해야 할지 몰라 대부분 혼자서 결정하는 경우가 많은

데, 이 점이 바로 개인 투자자들을 위험에 빠트리는 요인이 된다. 개인은 판단 실수를 받아들이지 못하고 본인의 판단이 옳았음을 증명하기 위해 계속해서 독자적인 결정을 내리는 속성을 가지고 있다. 그러다 보니 실수와 실패가 계속 반복된다. 이런 단점을 보완하기 위해 투자를 할 때는 기관이나 외국인 투자자처럼 투자에 대한 보고와 결정을 내릴 수 있는 파트너가 반드시 필요하다.

그럼 개인 투자자는 어떻게 파트너를 구할 수 있을까?

가장 좋은 파트너는 바로 배우자(가족)이다. 돈을 벌고 함께 쓰는 배우자야말로 최고의 파트너가 될 수 있다. 투자는 잘못될 최악의 경우를 대비해야 하는데 어디까지 대비를 하고 조치를 취할지는 돈과 연관된 사람만이 정확한 판단을 내릴 수 있다. 주변의 친구나 투자를 강요하는 사람들은 본인의 돈이 아니기 때문에 쉽게 판단하고 말을 한다. 이런 파트너는 아무런 도움이 안 된다. 오히려 그릇된 판단만 부추긴다.

주식 투자를 할 종목을 정했다면 아내나 남편과 상의를 해보자. 그를 설득할 수 없는 투자는 투자가 아닌 것이다. 미혼이라면 부모님이나 형제들에게 상의를 해도 좋고, 투자를 함께 하는 사람이 있다면 그와 상의를 해도 좋다. 독단적인 결정은 무조건 피해야 한다. 만일 남편과 상의해서 투자를 안 했는데 주가가 올랐다고 해도 남편을 탓하면 안 된다. 오히려 잘된 것이다. 내 경험상 자신의 판단이 옳았다고 자만하는 순간, 그때부터 독자적인 판단이 시작되고 이는 분명 실패로 끝이 난다.

나는 거의 매일을 아내와 함께 저녁을 먹으며 오늘 있었던 얘기를 나누는데, 빠지지 않는 주제가 바로 주식에 대한 얘기이다. 관심이 있는 회사가 나타나면 반드시 대화를 하면서 아내의 의견을 들어본다. 전문 투자자가 아닌 일반인의 입장이라는 점에서 더 큰 도움이 된다. 우리는 기존의 형식에 얽매여 판단하는 경우가 많은데 아내는 지극히 주관적인 생각으로 판단을 내리기에 미처 놓치고 있는 부분을 잘 찾을 수가 있다.

몇 년 전의 일이다. 화장품 원료를 만드는 회사가 있었는데 투자를 할지 말지가 고민이 되었다. 유명 브랜드의 고가 화장품에 필요한 중요한 원료를 생산하는 회사라 안정적인 매출이 나오고는 있었지만 앞으로 얼마나 성장할지가 문제였다. 당시 미샤와 더페이스샵 등의 중저가 화장품이 시장 점유를 높이고 있던 시기여서 경쟁력이 의심되었다.

그 회사는 자체적으로도 화장품을 판매하고 있었는데 가격이 비싸도 너무 비쌌다. 스킨과 로션, 여기에 에센스까지 한 달 분량을 사려면 100만 원이 훌쩍 넘을 정도였다. 안 그래도 경기가 안 좋은데 그 가격에 누가 화장품을 사겠냐는 생각에 투자를 보류하고 있었다.

우리 회사 직원은 화장품 원료 회사의 장점(대기업에 독점 원료 공급)을 무척 좋게 보았고 함께 탐방을 가게 되었다. 회사는 강남 지역에 매장 한 곳을 보유하고 있었는데 화장품을 파는 매장이라기보다는 제품을 진열하고 보관하는 창고와 같은 분위기였다. 회의실에 도착하자 여성 임원이 우리를 맞이했다. 그런데 그분의 얼굴을 보고선 입이 딱 벌어질 정도로 깜짝 놀랐다. 나이는 60세가 다 되어 보였지만 그렇게 아기 같은 피부를 가진 사람은 처음 보았다. 얼굴에서 광채가 난다는 표현이 딱 어울리는 그런 피부였다. 그분으로부터 자사 제품이 좋다는 말을 1시간 넘게 들었지만 함께 간 직원과 나는 그분의 피부밖엔 생각이 나질 않았다. 회의를 마치고 샘플 화장품 몇 개를 받아서 나왔는데 모든 제품이 멸균을 위해서 일회용으로 포장되어 있다는 점이 독특했다.

아내와 술을 마시면서 그날 탐방 갔었던 화장품 원료 회사에 대해 얘기를 나누었고, 피부가 아기 같았던 임원의 이야기도 들려주었다. 그리고 받아온 샘플 화장품을 한번 써보라고 건넸다. 며칠 뒤 아내에게 전화가 왔다. 지금까지 써본 화장품 중 제일 좋다며, 특히 얼굴이 건조한 탓에 아무리 좋은 제품을 써도 얼굴이 당겼는데 이 제품은 이틀만 써도 확연히 좋아졌고, 그 화장품을 사달라는 것이었다.

직원과 함께 그 회사를 다시 찾았다. 질문할 내용을 추려서 매출과 영업 이익, 거래처 등을 조사했다. 그 회사의 매출은 대부분 강남의 피부과와 피부 관리숍에서 발생되었다. 고객은 한 달에 수백만 원을 내야 하지만 연예인을 비롯한 자산가들은 피부를 위해서 그 정도 비용은 과감하게 쓰고 있던 것이다. 매장을 창고처럼 쓰는 이유도 주문량이 많아서 제품을 보관할 장소가 없기 때문이라고 했다.

며칠 후 그 회사의 대표 이사까지 만나본 후 투자를 결정했다. 아내가 자신의 돈으로 그 회사의 주식을 사고 싶다고 졸라대는 탓이 개인 자금으로도 주식을 샀다. 1년 정도가 지나서 회사에서 투자한 주식을 처분했다. 2배가 넘는 수익률을 달성해 목표치를 초과했기 때문에 규정에 따라 매도한 것이다. 하지만 아내가 개인적으로 보유한 주식은 아직까지 보유하고 있다.

이와 반대의 경우도 있었다.

전라도 화순 지역에 강의를 갈 때 근처에 눈여겨보던 어떤 회사가 강의 장소와 가까이 있었다. 회사 탐방 약속을 잡고 강의를 마친 후 아내와 회사에 방문했다. 주식 담당자와 얘기를 나누던 중 갑자기 사장님이 회의실에 들어왔다.

그는 나의 질문에 대답하기보다는 혼자서 끊임없이 얘기를 했다. 회사와 관련된 내용이 아니라 개인적인 취미와 성공 스토리에 대해서 말이다. 안 그래도 이 회사가 마음에 들었었는데 그런 사장님의 카리스마와 활기찬 모습까지 보고 나니 더욱 마음에 들었다. 집으로 돌아오는 길에 아내는 그 회사가 마음에 안 든다고 했다. 이유는 시장님의 말에 신뢰가 가지 않는다는 것이다. 회사의 사장이면 비전을 갖고 회사를 위해서 일해야지 왜 허구한 날 골프나 치러 다니고, 여행 다니고, 취미로 스쿠버다이빙까지 하냐며 그런 사람을 어떻게 믿고 회사를 맡길 수 있냐는 것이었다. 더욱이 자리를 잡은 대기업도 아니고 중소기업인데 말이다.

그런 아내의 만류에도 그 회사에 개인적으로 투자를 했다. 그때까지 실적이 상승하고 있었고, 사장님의 활기찬 모습을 믿었기 때문이다. 지금도 그 회사의 주식을 보유하고 있지만 1만 5,000원에 산 주가는 지금 3,000원도 안된다. 여자 말을 들어서 손해 볼 게 없다고 했는데, 난 안 들어서 손해를 보고 있는 중이다. 이렇게 주식 투자에 있어서 파트너의 조언은 도움이 많이 된다.

“투자 판단은 파트너(가족)와 함께해.”

- 지중해 부자

훌륭한 파트너를
구해라

지중해 부자와 마르코폴로 호텔에서 홍차를 마시며 이런저런 얘기를 나누던 사이 어느새 넓은 창가 전체가 붉게 달아오르며 멋진 일몰 광경이 나타났다. 홍콩 섬 빌딩 숲 사이로 사라지는 태양이 그날따라 유난히 크게 보였는데, 그가 이 호텔을 좋아하는 이유를 충분히 알 것 같았다. 지금 생각해봐도 다시 보고 싶은 멋진 풍경이었다.

　　일몰이 지나간 후 나는 개인적인 투자 얘기를 꺼냈다. 과거의 실패담을 말했고, 어떻게 해야 투자를 잘할 수 있는지 조심스럽게 물어보았다. 그는 딱 세 문장으로 요약이 되는 아주 명쾌한 답변을 주었다.

　　첫째, 하지 말아라.

둘째, 굳이 하려거든 상승장에만 해라.

셋째, 계속하고 싶다면 잘하는 사람을 찾아서 도움을 받아라.

안 그래도 주식 투자에 자신감이 떨어져 있던 나를 보며 "주식 투자로 자꾸 돈을 잃는 주제에 뭐하러 하냐."고 했다. 또 해봤자 잃을 게 뻔하니 마음 편하게 하지 말라고 했다. 회사나 성실하게 잘 다니면서 월급이니 받으라는 말도 덧붙였다. 티가 날 정도로 실망과 절망으로 가득 찬 표정을 짓자 그가 약간은 미안했는지 헛기침을 몇 번 해댄 후 다시 말했다.

"정 하고 싶다면야 상승장에서만 하든가, 그것도 완전하게 올라가는 상승장 말이야. 그때는 뭘 사더라도 오를 테니 실력이 없어도 돈은 좀 벌겠지."

그 말을 듣고 기분이 더 나빠졌다. 그런 상승장이 자주 오는 것도 아니고 몇 년에 한 번 올까 말까 할 텐데 그때까지 뭐하면서 기다리냐고 물었다.

"그렇게 투자를 하고 싶다면, 직접 하지 말고 주변에 잘하는 사람들에게 도와달라고 부탁해."

나는 얼른 대답을 했다.

"그래서 회장님께 도와달라고 부탁하는 거잖아요."

"투자는 복합적으로 판단을 잘해야 하고 감도 좋아야 하는

데, 난 늙어서 안 돼. 그런 건 젊고 성실한 사람들이나 잘하는 거지."

그가 고개를 저을 때 실망한 표정으로 잠시 창가를 바라보았다. 어느새 어둑해지며 화려한 야경이 눈앞에 나타났다.

"내가 투자 회사를 설립하고 제일 먼저 했던 일이 뭔지 알아? 그때 내 나이가 50대 중반을 넘어섰는데 판단력이 점점 떨어진다는 걸 느낄 수 있었어. 세상은 온통 인터넷으로 급변하는데 나는 그게 어떤 건지도 모르겠고, 좋은지 나쁜지 판단도 못 하겠더라고. 당시 IT 관련 회사들은 죄다 폭등을 했는데 나는 그저 바라만보고 있었지. 덕분에 IT붐이 꺼질 때 폭락을 피할 수 있었지만 기분은 나쁘더라고, 내가 퇴물이 된 기분이 들었으니까. 그때 깨달았어. 세상은 이렇게 빨리 변하는데 내가 못 따라 가는구나 하고 말이야. 그래서 그때부터 젊고, 실력 있는 투자자들을 찾아 나섰지. 그때 만나서 지금까지 일을 해준 사람들 덕분에 이만큼 성장한 거야. 고집스럽게 나 혼자 투자를 했다면 진작 망해서 없어졌을 텐데, 그 사람들 신세를 많이 졌어."

다음 날 홍콩 센트럴역 인근에 있는 지중해 부자의 투자 회사에서 회의가 열렸다. 일본과 싱가포르 법인 대표들도 함께 참석했는데 회의라기보다는 서로 인사를 주고받는 친목 행사와 같은 분위기였다. 나는 사람들에게 돌아가면서 인사를 했고, 지중해 부자를 중심으로 사람들이 몰려 있을 때 그가 손짓을 하며 나를 불렀다.

그는 깜짝 선물이라며 쇼핑백에서 조그만 상자를 꺼내 포장지를 뜯어서 보여주었다. 정말 놀랄만한 선물이었다. 무광 금빛의 두툼한 시계였는데 그가 손목에 직접 채워주면서 농담으로 "차 한 대 값은 될 거야."라고 해서 다들 웃었지만 알고 보니 농담이 아니었다.

그날 회의를 마치고 저녁 파티가 열렸는데 사람들에겐 잘 알려지지 않은 홍콩 섬 동남쪽에 있는 섹오 비치 인근으로 이동했다. 그곳에 당시 홍콩 법인장의 별장이 있었는데 홍콩에 이런 곳이 있었나 싶을 정도로 한적함과 여유로움이 느껴지는 곳이었다. 고급 빌라와 별장들이 바닷가를 둘러싸고 있는 홍콩의 또 다른 부촌이었다. 그때 만났던 분들과는 지금도 연락을 하며 잘 지내고 있고, 금융 투자 회사를 운영하는 데 많은 도움을 받고 있다.

한국에 돌아오자마자 지중해 부자의 말대로 젊고 성실하게 투자를 잘하는 사람을 찾아다녔다. 여러 사람을 만났는데 그

중 강남에서 조그마한 오피스텔을 얻어 투자하는 전업 투자자를 만났다. 그의 주식 투자 목표는 특이했는데 1년에 한 번씩 모텔을 사는 것이었다. 1년 동안 투자를 잘해서 돈을 많이 벌면 수도권의 큰 모텔을 샀고, 투자 수익이 적거나 없으면 자극을 받아 다음 해에 더 열심히 한다고 했다.

그때까지 4개의 모텔을 보유하고 있었고, 총 10개를 사는 것이 꿈이라고 했다. 숙박업에 관심이 많아서 모텔을 사는 줄 알았지만 알고 보니 수익금을 현금으로 갖고 있으면 반드시 투자를 하게 되어서 손실을 크게 본 적이 많았다고 했다. 그래서 현금 말고 부동산으로 수익금을 모아둔 것이었고, 매달 꾸준하게 돈을 벌 수 있는 모텔이 가장 좋았다고 했다. 10개를 보유하면 호텔 한 채와 맞먹는 수익이 발생되고 이때 전업 투자자에서 은퇴를 하겠다고 했다.

또 다른 고수 중에는 20대 후반의 젊은이가 있었는데 그는 대학 시절 학비와 월세를 벌기 위해 편의점 알바를 했지만 일하기가 너무 싫었고 편의점 사장이 주식 투자를 하는 것을 보고 어깨너머로 주식이란 걸 알게 되었다고 한다.

1년간 휴학한 뒤 그동안 모아놓은 돈으로 주식 투자를 했는데 너무 재밌고 수익도 제법 잘 났다고 한다. 그 후 학교를 그만두고 전업 투자자의 길로 들어섰는데, 지금은 증권사에서 단독 트레이딩 룸을 제공할 정도로 투자 규모도 크고 매매를 잘하고 있다. 그는 경제의 경 자도 모른다고 했다. 오로지 본인의 투자 원칙과 직감으로만 매매를 한다. 몇 번을 만나 보니 타고난 투자꾼이란 말밖엔 할 말이 없었다.

아주 특이한 방법으로 주식 투자를 하는 사람도 있다. 그는 사주팔자를 봐주는 사람으로 주역을 오랫동안 공부한 사람이었다. 그의 사무실에 놀러갔을 때 책상 위의 커다란 모니터에 주식 사이트가 열려 있어서 주식도 하냐고 물었다가 그가 보통의 투자자가 아닌 것을 알게 되었다.

그의 투자법은 최근 1년간의 주식 차트를 띄워놓고 몇 시간이고 바라보는 것이다. 그렇게 보고 있으면 앞으로 주가가 오를지 내릴지가 보인다고 했다. 내가 옆에서 아무리 봐도 안 보인다고 했더니 그건 주역을 배우고 하늘의 섭리를 알아야만 보인다고 했다. 황당한 말이지만 그의 수익률을 보면 그저 헛웃음만 나왔다.

이렇게 투자에 도움을 받을 수 있는 사람들을 계속 찾아다녔지만 우리 회사와 협력할 파트너는 찾질 못했다. 몇 년이 지났을 때 드디어 운명적인 파트너를 만나게 되었다.

어느 증권사에 유능한 임원이 있었는데 그는 각 증권사에서 개최하는 주식 투자 대회에서 1등한 사람들을 찾아 나섰다. 한두 번 반짝 1등이 아니라 꾸준히 1등을 하는 실력 있는 투자자를 찾아다녔고 그들을 모아서 팀을 만들었다.

그 팀은 예상대로 강남 일대의 자산가들이 몰려들 정도로 탁월한 수익을 냈다. 유명한 일화가 있는데, 그 팀에 자산을 맡긴 어떤 자산가가 1년마다 정산하는 수익을 보고선 너무 많은 수익을 냈다며 모든 직원들에게 수익을 나눠준 적이 있었다고 한다. 가장 적게 받은 직원이 승용차를 바꿨다고 하니 어느 정도인지 짐작이 된다.

그 임원을 만나는 데 몇 년이 걸렸다. 소문만 들었지 전화번호도 모르고, 무작정 찾아가 만날 수도 없는 노릇이었다. 마침 증권사에서 고객을 대상으로 소규모 세미나를 연다는 소식을 듣고 간신히 부탁하여 참석할 수 있게 되었다.

며칠 후 세미나에서 고대하던 임원을 만나게 되었다. 무척 부드럽고 차분한 말투로 인사를 하며 투자에 대한 설명을 했다. 잠시 후 주식 투자 대회에서 우승했던 팀원들을 소개하며 그동안의 성과를 발표했다. 워낙 고액의 자산가들만 계약하는 탓에 그 이후로 인연을 맺기까지 한참이 걸렸지만 꾸준한 연락을 통해 드디어 우리 회사와 일임 계약을 체결하고 주식 운용에 도움을 받을 수 있었다. 지금까지 4년 정도 거래를 하고 있는데 수익률로는 대한민국에서 최고라고 자부할 만했다.

그 팀을 파트너로 둔 이후 자주 거래하는 금융 회사의 직원이 우리 회사를 찾아온 적이 있었다. 우리 회사 계좌를 관리해 주는 담당자인데, 우리의 수익률을 보고 본인도 투자를 하고 싶다면서 찾아온 것이다. 함께 온 직원들도 같은 이유였다.

일정 금액 이상만 일임 계약을 한다는 계약 조건이 있었기 때문에 어쩔 수 없이 돌려보내야 했지만, 그 이후로 우리 회사의 거래를 알고 있는 사람들은 계속해서 찾아오고 있다.

지중해 부자처럼 훌륭한 파트너를 찾고 그들과 인연을 맺으면서 그 덕을 톡톡히 보고 있는 것이다.

"투자를 잘하는
성실한 파트너의 도움을 받아."

– 지중해 부자

부자처럼 투자해라

라온투자일임이라는 금융 투자 회사를
설립할 때, 원래는 자산 운용사를 설립하려고 했다. 홍콩 투자
회사의 전 법인장이 투자 회사를 함께 설립하자는 제안을 했
고, 그의 막강한 자금을 운용하려면 자산 운용사가 적절했기
때문이다. 하지만 갑작스런 홍콩 시위가 발생했고 그 규모가
걷잡을 수 없이 커지자 중국 정부는 홍콩에서 해외로 유출되
는 자금을 철저하게 통제하고 감시했다. 그래서 투자 유치가
미뤄지게 되었고 투자 일임사로 변경을 한 것이다.

　투자 일임사는 금융 기관과 개인에게 자산을 일임받아 운
용해주고 성과에 대한 보수를 받는다. 우리 회사는 증권사와
자산 운용사, 투자 자문사, 개인 자산가들과 일임 계약을 체결

하며 안정적인 운용을 하고 있는데, 그 바탕에는 지중해 부자가 설립했던 홍콩 투자 회사에서 배운 투자 철학과 시스템이 깔려 있다. 금융 투자 회사의 임원과 일임 자산 운용 담당자는 주식 투자에 많은 제약이 있어서 개인적인 투자를 못하고 있지만, 앞으로 기회가 생긴다면 내가 알았던 모든 투자 방식은 내다 버리고 투자 회사에 적용된 시스템대로 투자할 것이다.

주식 투자는 자금이 적은 사람에게 절대적으로 불리한 게임이다. 투자금이 100만 원이 있는 사람과 100억 원이 있는 사람은 투자를 시작하는 태도부터 다르다. 100만 원이 있는 사람이 어떤 정보를 듣고 투자를 한다면 적은 돈을 빨리 불려야 하니 전액을 투자할 것이다. 게다가 최소 2배 이상의 수익을 기대하며 매일 주가를 바라본다.

반면에 100억 원이 있는 사람은 같은 정보에 투자를 하더라도, 많아야 자금의 10분의 1인 10억 원 정도를 투자한다. 다양한 곳에 투자를 하기 때문에 30% 정도의 수익을 기대하며 느긋하게 기다린다. 오르고 내리기를 반복하는 주식의 특성상 전액을 투자한 100만 원 투자자는 매일 초조해하며 불안감에 휩싸인다.

기대했던 2배의 수익은 쉽게 오지 않고 주가가 계속 떨어지자 결국 버티지 못하고 마이너스 손실을 입은 채 빠져나온다. 또 손실을 만회하기 위해 같은 방식으로 투자를 반복하지만 그럴수록 자금은 계속 줄어들게 된다.

반면에 100억 원 투자자는 주가가 오르고 내리는 것을 당연하게 받아들인다. 회사에 문제가 없다면 오를 때까지 편안히 기다리다가 생각했던 30% 정도 수익이 났을 때 매도를 하고 3억 원이라는 수익을 챙기게 된다.

전업 투자자로 전향한 사람들이 버티지 못하고 시장을 떠나는 건 자금의 여력이 없기 때문이다. 하락장이 닥쳤을 때 아무리 뛰어난 실력자라도 일정한 수익을 내는 건 불가능에 가깝다. 그들은 주식 매매로 매달 생활비를 충당해야 하기 때문에 손실이 났어도 매도를 해야 하고 결국 버티질 못해 떠나는 것이다.

투자는 자금이 크면 클수록 수익은 크고 손실은 적다. 반대로 자금이 적으면 적을수록 수익은 적고 손실은 크다. 투자 결정에 있어서도 자금력이 많은 부자는 안전성을 우선시하지만 자금력이 없는 개인은 오로지 수익성을 최우선시한다. 이렇듯 자금은 주식 투자의 모든 면에 있어서 가장 큰 영향을 미치게 된다.

그동안 나는 100만 원 투자자였고, 우리 회사는 100억 원의 투자자였다. 그래서 나는 실패가 많았고, 회사는 성공이 많았다. 실력은 비슷하더라도 자금에서 차이가 나다 보니 투자 방식부터 달라지는 것이다.

우리 회사가 투자를 결정할 때 판단하는 조건은 간단하다. 첫째는 망하지 않을 회사여야 하고. 둘째는 5년 이상 주식을 보유할 수 있어야 한다. 여기에 세부적으로 적자가 없어야 하고, 매년 꾸준히 매출과 이익이 늘어나는 회사여야 한다.

개인적으로 투자를 결정할 때의 판단 조건은 매우 복잡했다. 수주 계약, 인수 합병, 신제품 개발 등의 이슈가 있어야 하고, 1년 안에 높은 수익을 챙길 수 있어야 하며, 기술적 분석을 해보면 가치 대비 가격이 낮다는 판단이 나와야 했다. 여기에 내 주변에 다른 투자자들이 투자한다면 더욱 좋은 종목이라고 판단했다.

돈이 많은 부자는 단순한 투자를 지향하기에 매번 쉽게 돈을 벌지만, 돈이 없는 개인 투자자는 복잡한 투자를 해야만 큰돈을 벌 것이라는 착각에 빠져 점점 복잡한 투자를 하고 매번 실패를 한다.

지금은 사라졌지만, 여의도에 유명한 브랜드 카페가 있었는데 조식 메뉴가 좋아서 지중해 부자와 내가 자주 찾던 곳이었다. 1인당 6,000원을 내면 커피와 시리얼, 우유, 주스, 여기에 베이커리와 샐러드까지 마음껏 먹을 수 있었다. 주로 직장인들이 이용하지만 인근의 고급 주상 복합에 거주하는 자산가로 보이는 사람들이 가벼운 옷차림으로 신문이나 잡지를 읽으면서 식사를 하기도 했다.

이른 새벽에 일어나 아침밥을 챙겨먹는다는 건 샐러리맨에 겐 곤혹스러운 일이다. 나 역시 아침은 거른 채 출근했고, 아침 회의가 끝날 즈음되면 슬슬 배가 고파졌다. 시간적 여유가 생길 때 걸어서 5분 거리인 그 카페에 들러 맛있게 아침 식사를 했다. 가끔은 지중해 부자가 항상 앉았던 모서리 창가에 앉아서 샐러드와 크루아상을 잔뜩 쌓아놓고 먹었다.

비가 많이 내리던 어느 날, 좋은 분위기를 느끼며 식사를 하고 있었는데, 맞은편 테이블에 한눈에 봐도 돈이 많아 보이는 노부부가 식사를 하고 있었다. 그들은 보기 드문 고급차에서 내렸고, 커피와 약간의 샐러드 그리고 식빵 한 조각을 먹었다. 테이블이 워낙 가까이에 있어서 자연스럽게 그들의 대화를 들을 수 있었는데 주식에 대한 얘기였다.

그때는 하락장이 계속되어 주가가 많이 떨어졌던 시기였다. 그들의 대화 내용이 지중해 부자가 예전에 했었던 말과 너무

똑같아서 깜짝 놀랐다.

"주가가 많이 떨어지면 기존에 투자했던 개인들은 불안에 떨겠지만 돈이 많은 부자에겐 절호의 기회가 찾아온 거야. 좋은 주식을 더 살 수 있고 자식들에게 세금을 적게 내며 증여도 할 수 있는 게지."

그 말을 들은 직원 누군가가 부자들은 돈이 많아서 좋겠다며 한숨이 섞인 말을 했다.

"부자들이 주식을 사는 이유는 사고팔면서 수익을 내기 보다 꾸준히 배당받기 위해서 사는 거야. 그래서 대부분 배당률이 높은 우량한 회사의 주식을 보유하고 있지. 배당을 잘 주니까 팔 이유가 없어. 요즘처럼 주가가 많이 떨어졌을 때 주식을 더 사들여서 배당을 더 받거나 그런 주식을 자식에게 증여하지. 주식을 통해 배당도 받고 세금도 아끼고 여기에 주가가 다시 올라가면 자산도 늘어나니 얼마나 좋은가, 이만한 재테크가 없는 것이지."

노부부도 주식을 더 사야 하고, 그중 일부를 자녀 두 명에게 증여하자며 논의하고 있었다.

주식 투자는 부자처럼 해야 한다. 자금이 적다고 오로지 사고팔면서 수익을 내려 하지 말고, 부자처럼 팔지 않을 종목을 계속 사들이면서 배당을 받고 자산도 늘려가야 한다. 이러한 부자의 투자 방식은 주식뿐만 아니라 부동산이나 사업에서도 일반인들과 차이가 난다.

친하게 지내는 사람 중 강남에서 중고 사무용 가구 판매를 사업하는 분이 있었다. 그는 만날 때마다 사업이 어렵다고 했고 낡은 작업복과 오래된 차를 몰고 다니기에 정말 힘들게 사는 줄 알았다. 하지만 나중에 알고 보니 강남의 알부자였다.

경기가 어려워지면 중고 사무용 가구점은 반대로 활황이 온다. 망하는 회사가 많다 보니 새것과 비슷한 가구들이 쏟아져 나오고 그것을 헐값에 사들였다가 경기가 좋아졌을 때 웃돈을 얹어 판매한다. 이때 중고 가구점을 하는 모두가 돈을 버는 것이 아니라 가구를 보관할 창고의 수나 규모에 따라 돈을 버는 단위가 달라진다.

나와 친했던 가구점 사장은 평소에 검소한 생활로 저축을 많이 했는데, 돈이 모이면 창고 부지만 사들였다. 그래서 많은 수량의 가구를 보관할 수 있었고, 남들보다 많은 돈을 벌 수 있었다. 20년이 흐른 뒤엔 강남의 오래된 건물을 매입해서 매장을 옮기기도 했다.

그는 지금까지 30년이 넘도록 중고 가구점을 운영하면서 자산을 100억 원이 넘게 불렸다. 사업으로 벌어들인 돈보다 땅값과 건물의 가치가 상승하면서 부자가 된 것이다. 지금도 10년은 훨씬 지났을 승용차를 타고 기사 식당에서 식사를 한다. 본인은 스스로 부자가 아니라고 말하지만 앞으로도 더 오를 땅과 건물의 가치를 따져보면 부자 중에서도 알부자이다.

우리나라에서 땅 부자가 늘어났다는 얘기는 들어봤어도 주식 부자가 늘었다는 얘기는 거의 듣질 못했다. 주식은 언제든지 사고팔수 있기 때문에 특성상 부자가 생기기 어렵다. 하지만, 땅은 사거나 팔고 싶어도 쉽게 그럴 수 없기 때문에 오랫동안 보유하는 특성이 있다 보니 땅값이 올라 부자가 되는 경우가 많다.

국내에 주식 부자로 대표되는 기업 총수들이 주식을 사고팔면서 부자가 된 것은 아니다. 본인의 회사다 보니 죽을 때까지 주식을 보유하고 있기 때문에 주식의 가치가 올라가 부자가 된 것이다.

개인이 성공적인 주식 투자를 하려면 이들처럼 해야 한다. 누차 강조하지만 사고팔면서 수익을 내려 하지 말고, 평생 동안 보유하면서 주식 자산을 증식시키는 방식으로 접근해야 한다. 만약 10년 전부터 삼성전자를 비롯한 국내를 대표하는 우량한 회사의 주식을 사서 지금까지 보유하고 있다면, 아마 대부분의 주식 자산은 늘었을 것이다.

"부자처럼 투자해.
평생 동안 보유할 주식을 사서
배당받고 자산을 증식시켜.
그리고 그 주식을 자식들에게 물려줘."

- 지중해 부자

STORY 12
저축은 기본이다

안산의 한 초등학교에서 강의를 한 적이 있다. 《또봉이 통장》 시리즈의 두 번째 책을 출간한 후 강의 요청이 온 것이다. 강의 장소인 도서관에 들어서자 이미 많은 아이들이 모여서 기다리고 있었다. 강의를 담당하는 선생님은 아이들의 질문이 적혀 있는 포스트잇이 붙여진 대형 전광판을 강단 위에 올려놓았다. 강의 전반부는 책의 내용을 소개하고, 후반부는 질문에 대한 답변을 하는 식으로 강의를 진행했다.

질문지를 보니 '부자는 어떻게 해야 되나요?'부터 '엄마가 대박 나는 종목을 꼭 알려달래요.' 등의 많은 질문이 있었다. 그중 '주식 투자로 돈을 버는 방법을 알려주세요'라는 질문이 가장 많았다.

김제의 어느 고등학교에서 곧 졸업을 앞둔 고3을 대상으로 '사회 초년생을 위한 자산 관리'를 주제로 강의를 한 적이 있었는데 질문 시간에 자산 관리보다 주식 투자로 빨리 돈 버는 방법을 알려달라고 했다.

100명의 수강생이 있다면 그중 내 말을 귀담아듣는 학생은 10명 정도 된다. 초등학생은 10명 정도만 딴짓을 하는데, 대학생은 모두 딴짓을 하고 있다. 강의가 끝날 무렵에 질문을 받아보면 딴짓을 했던 학생들까지 손을 들며 주식 투자로 돈 버는 방법을 알려달라고 한다.

이런 상황이 어디 학생들뿐일까? 성인을 대상으로 하는 강의에는 초반부터 좋은 투자거리가 없냐고 물어볼 때가 많고, 개인 상담을 할 때도 지금의 힘든 상황을 이겨내기 위해 열심히 노력하겠다는 말보다 당장 올라갈 종목을 알려달라고 할 때가 많다.

어느 유치원에서 아이들에게 돈에 대한 내용을 알려줄 때가 있었다. 얘들은 무슨 말을 해도 도무지 통제가 안 된다. 강의를 마치고 원장님과 선생님들이 함께 점심을 먹자고 했다. 식사를 하는 내내 주식에 대해 물어봤다. 모른다고 했더니 서운하게 왜 이러시냐며 좋은 종목을 알려달라고 했다.

회사 인근의 은행에서도 비슷한 일이 있었다. 은행 업무를 보기 위해 창구의 직원과 대화를 하던 중 나의 명함을 보더니 얼굴에 화색이 돌며 본인도 주식에 관심이 많으니 종목 하나만 알려달라고 했다. 얼마나 집요하게 물어보는지 할 수 없이 당시 관심이 있었던 종목을 알려주었다. 그 직원이 주식을 샀는지는 모르겠지만 며칠 후부터 그 주식의 주가는 엄청나게 떨어졌고, 무서워서 그 은행을 더 이상 갈 수 없게 되었다.(지금까지도 멀리 떨어진 지점으로 돌아서 간다.)

주식 투자를 하려면 기본적인 요소들이 갖춰져야 하는데, 그중 가장 필요한 것은 바로 돈이다. 투자할 수 있는 여유 자금, 종잣돈이 있어야 한다. 초등학생부터 사업에 실패한 사람까지 투자할 돈이 전혀 없음에도 급등할 종목을 알려달라는 건 세상을 사는 순리가 있음에도 불구하고 전혀 다르게 살아보겠다는 것과 같다.

주식 투자를 하겠다고 마음을 먹었으면 일단 저축부터 해야 한다. "저축과 투자 중에 어느 것이 더 어렵습니까?"라고 묻는다면 저축이 더 어렵다고 말한다. 저축은 오랫동안 참고 인내해야만 가능한 것이고, 투자는 언제라도 마음만 먹으면 할 수가 있기 때문이다. 게다가 투자를 잘만 하면 저축과는 비교도 안 될 정도로 큰돈을 벌 수도 있다. 그래서 사람들은 돈 모을 생각은 안 하고 투자할 생각을 한다.

지중해 부자를 만났을 때 그가 나를 좋게 보고 투자 회사까지 맡긴 이유는 아주 간단하다. 저축을 열심히 했다는 점이었다. 그도 저축이 얼마나 어려운지를 잘 안다. 저축을 하려면 일단 성실히 벌어야 하고 검소한 절제가 필요하다. 사고 싶은 것, 먹고 싶은 것, 하고 싶은 것을 다 하면서는 저축을 할 수가 없다. 과하다 싶을 정도로 절제력이 있어야 한다.

나는 직장 생활을 하면서 소득의 절반 이상을 저축했는데, 그때는 그럴 수밖에 없었다. 결혼도 하고 집도 사야 하니 당연히 돈을 모아야 했고, 무언가에 돈 쓸 일이 생기면 일단 다음으로 미루고 보았다. 그렇게 돈을 모아 내 집 마련을 하고, 또 돈을 모으면서 재산을 늘려갔다.

지중해 부자는 주식 투자는 아무나 할 수가 없고 세 가지 정도 자격을 갖춘 사람만이 할 수 있다고 했다.

세 가지의 자격이란 첫째, 투자를 할 수 있는 충분한 종잣돈을 모은 사람이어야 하고, 둘째는 안정적으로 거주할 수 있는 집을 소유하고 있어야 하며, 셋째는 너무 똑똑하거나 어리석으면 안 된다고 했다. 어리석은 사람보다 똑똑한 사람이 더 위

험하다고 했는데, 그 이유는 너무 똑똑하면 남의 말을 안 듣고 본인의 판단만 믿기 때문에 실수를 하거나 엉뚱한 판단을 내리는 경우가 많기 때문이란다.(주식 투자의 역사를 보아도 뉴턴과 같은 천재들의 투자 실패 이야기는 쉽게 들을 수 있다.)

이러한 세 가지 기본적인 자격 중에 저축을 통한 '종잣돈'을 가장 중요하게 생각했는데 그의 말에 의하면 "돈을 저축할 수 없는 사람이 무슨 주식으로 돈을 벌고, 집을 사고, 투자를 하겠냐"는 것이었다.

주식 투자에 있어서 가장 기본적이며 중요한 요소인 저축에 대한 핵심 요령을 두 가지만 소개하겠다. 세미나와 개인 상담을 통해서 알려주는 내용으로, 돈을 모으지 못했던 사람들까지 잘 모으게 했던 방법이다.

첫째. '1년 만기 자유 적금 통장'을 한 곳에 몰아서 저축해라

매달 저축을 하는 적금은 정해진 금액을 일정한 날짜에 저축하는 '정기 적금'과 금액이나 날짜에 상관없이 자유롭게 저축하는 '자유 적금'이 있다. 나는 '1년 만기 자유 적금'을 좋아하고 추천한다. 비록 이자가 낮더라도 나의 경제 상황에 따라 자유롭게 조절할 수 있기 때문이다. 저축은 이자가 아닌 '얼마의 돈'을 저축하느냐에 따라 결정이 난다. 그래서 나의 경제 상황에 맞춰 저축 금액을 최대한 늘리는 게 중요하다.

1년 만기 자유 적금을 유지하려면 생활비를 미리 정해야 한다. 그래야 생활비를 제외한 모든 금액을 저축할 수 있기 때문이다. 적금을 해지하는 이유는 얼마를 쓰고 얼마를 남겨야 하는지 잘 모르는 들쑥날쑥한 생활비로 인해 적금을 유지할 수 없기 때문이다. 그래서 적금을 할 땐 우리 집에 꼭 필요한 생활비가 어느 정도인지 미리 정해놓고 시작해야 중도 해지 없이 잘 유지할 수 있다.

자유 적금은 주식 투자자에게도 유용하다. 앞서 손실을 최소화하고 수익을 보전하기 위해서는 수익금은 모두 별도의 통장에 넣어두라고 했는데 자유 적금에 넣어두면 좋다.

1년 만기 자유 적금이 좋은 이유는 또 있다. 바로 '복리 효과'를 만들어낼 수 있기 때문이다. 복리란 이자에 이자가 더해지는 계산법인데, 1년마다 만기가 되었을 때 그 돈을 고스란히 새로운 1년 만기 정기 예금에 넣어둔다면 원금과 이자가 함께 불어나는 복리 효과를 볼 수 있다. 복잡하고 귀찮을 것 같지만 1년에 한 번씩 은행에 가거나 인터넷 뱅킹에서 가입과 만기 해지를 하면 간단히 해결된다.

1년 자유 적금 복리 효과

1년 차	2년 차	3년 차	4년 차	5년 차
1년 만기 자유 적금	1년 만기 자유 적금	1년 만기 자유 적금	1년 만기 자유 적금	1년 만기 자유 적금
	1년 만기 정기 예금	1년 만기 정기 예금	1년 만기 정기 예금	1년 만기 정기 예금
매달 100만 원을 저축했을 때(적금 및 예금 금리 2%, 일반 과세 가정)				
1,211만 원	1,121만 원+ 1,231만 원 (기존 적금+이자)	1,211만 원+ 2,483만 원 (기존 적금+이자)	1,211만 원+ 3,757만 원 (기존 적금+이자)	1,211만 원+ 5,052만 원 (기존 적금+이자)
총 6,263만 원 (원금 6,000만 원 + 이자 263만 원) 일반 정기 적금에 가입했다면 총 6,255만 원 (원금 6,000만 원 + 이자 255만 원)				

5년의 기간이라 비록 복리 효과가 크지 않지만 같은 방식으로 10년 이상으로 저축한다면 그 격차는 점점 벌어지게 된다.

둘째. 소득의 50%를 저축해라

맞벌이를 하는 부부가 찾아와서 개인 상담을 받은 적이 있다. 부부는《바빌론 부자들의 돈 버는 지혜》라는 책을 읽고 수입의 10%를 저축하고 있었다. 책에 등장하는 사람들은 그렇게 해서 부자가 되었다고 했는데, 본인들은 10년이 넘도록 저축을 하고 있지만 부자가 될 기미가 보이지 않는다고 했다.

나도 그 책을 읽은 적이 있다. 당시 바빌론 사람들은 수입의 10%를 저축해서 모은 돈으로 고금리 사채를 하여 돈을 벌고 부자가 되었지만 지금 시대에는 맞지 않는다.

그 부부의 한 달 수입은 450만 원이었다. 부자가 되기 위해 매달 수입의 10%인 45만 원씩 저축을 했다. 급여 인상과 이자를 포함하여 10년 동안 모은 돈은 7,000만 원 정도였다. 그 부부의 말대로 부자와는 거리가 한참 멀게 느껴졌다.

부부에게 현실적인 방법을 제시했다. 바로 수입의 50%를 5년 동안 저축하라고 했다. 현실적으로 어려움이 있겠지만 더도 말고 5년만 모아보자고 했다. 부부가 5년 동안 수입의 절반인 225만 원씩 저축을 하면 5년 후에 1억 3,500만 원 정도를 모을 수 있고, 욕심을 내어 10년을 더 모은다면 급여 인상률을 포함하여 3억 원에 가까운 돈을 모을 수 있다. 이 정도의 금액이라면 어떤 투자를 하더라도 충분한 자금이 마련되는 것이다.

수입의 10%를 저축하는 사람과 50%를 저축하는 사람의 생활 수준은 얼마나 차이가 날까? 수입의 10%를 저축하는 사람은 넉넉한 생활비로 여유 있는 생활을 할 것 같지만 그들도 마음껏 돈을 못 쓰긴 마찬가지이다. 돈을 모으는 이유는 돈으로 나의 인생을 바꾸기 위해서이다. 돈을 못 쓰는 아쉬움에 사로잡혀 있지 말고, 앞으로 그 돈으로 누릴 수 있는 혜택을 기

대하면서 저축을 한다면 지속적인 저축을 할 수 있게 된다. 매
달 10%를 저축한다면 인생이 바뀌는 속도가 10km이지만, 매
달 50%씩 저축을 하면 50km의 속도로 바뀌는 게 인생이라는
말을 명심하자.

"투자할 돈부터 모아.
투자는 돈의 크기에 따라 수익이 달라져."

- 지중해 부자

STORY 13
절제하라

젊을 때 다녔던 유통 관련 회사에는 미국의 월마트에서 근무하다가 스카우트되어 온 상사가 있었다. 그는 어디를 가나 무조건 '오케이'라는 말을 입에 달고 살 정도로 호탕한 성격의 사람이었다. 앞서 등장했던 조펀드라는 사람과 동갑내기로 서로 친하게 지냈는데, 시간만 나면 커피를 마시며 주식 얘기를 했다.

　그가 파리로 출장을 갔을 때 회사의 팀원 전체에게 이메일을 보낸 적이 있었다. 제목에는 '사랑하는 나의 팀원에게 보내는 선물'이라고 적혀 있었고, 이번에 좋은 일이 생길 것 같아 팀원 전체에게 명품 선물을 준비했으니 기대해도 좋다고 했다. 추가로 사진도 함께 올렸는데, 그의 부인과 파리의 명품 거리를 거닐며 얼마나 많은 쇼핑을 했는지 쇼핑백 때문에 하체가 보이질 않을 정도였다.

이메일을 보고 팀원들은 같은 생각을 했다. 그가 얼마 전에 조펀드와 주식을 샀는데 '그게 대박이 났구나.'라고 예상한 것이다. 그와 조펀드, 둘만 주식을 샀기 때문에 그게 어떤 주식인지는 아무도 몰랐다.

열흘 정도 지난 후 출장을 다녀온 그가 출근을 하자 모두가 반갑게 맞이하기 위해 그에게 다가갔지만, 그의 얼굴을 보는 순간 자리에서 굳어 있을 수밖에 없었다. 손에는 선물을 잔뜩 들고 있었지만 얼굴은 죽지 못해 살아왔다는 표정이 너무나도 선명했다. 자세히 얼굴을 보니 다크서클이 눈 밑 광대뼈 있는 곳까지 퍼져 있었다.

그는 A라는 주식을 2억 원 정도 샀는데 파리로 출장 가는 날까지 50%가 올랐다고 한다. 1억 원 정도를 벌게 되자 부인과 함께 대략 4,000만 원어치 쇼핑을 했다. 돌아오는 길에 이태리와 스위스를 더 둘러본 후에 귀국했는데 막상 돌아와 보니 주가는 급락을 거듭해서 30%가량 손실이 났다. 손실과 쇼핑까지 합해 대략 1억 원 정도를 없애버린 것이다. 팀원들에게 선물을 샀다고 큰소리를 쳤으니 챙겨 왔지만, 누구도 선물을 받을 수가 없었다. 나는 지갑과 향수를 받았는데 다른 사람들처럼 그의 책상에 다시 돌려놔야 했다.

투자 회사에서 근무할 때 트레이더 중에 아주 예민한 성격을 가진 사람이 있었다. 그의 행동만 봐도 수익률을 예상할 수 있을 정도였다. 그는 수익이 나면 여기저기 전화하기 바빴다. 특히 친구들에게 한턱낼 테니 나오라는 전화를 많이 했고, 다음 날엔 어김없이 술 냄새를 풍기면서 출근했다. 또 점심시간이 되면 회사 근처의 쇼핑몰에 들러 옷이나 구두를 사러 다녔다. 1년에 한 번씩 승용차를 바꾸기도 했는데, 질려서 1년 이상 못 타겠다는 게 그 이유였다. 어린 자녀를 2명 두었고 아내와 맞벌이를 하면서 그렇게 여유 있게 사는 건 아니었는데 씀씀이만큼은 우리 회사에서 제일 컸다.

그는 손실이 나면 돌변했다. 얼굴이 붉어지고 어쩔 땐 고함을 지르거나 책상을 내리친 적도 있었다. 몇 번 주의를 줬지만 고쳐지지 않자 결국 퇴사를 했다.

우리 회사에는 금기 사항이 있다. 수익이 났다고 자랑해서는 안 되고, 손실이 났어도 침울해해선 안 된다. 벌 때도 있고, 잃을 때도 있는 투자의 특성상 항시 평정심을 유지하기 위해 이런 행동은 금지하고 있다.

누군가가 주식 투자로 돈을 벌었다며 평소에 쓰지 않던 돈을 쓰면, 주변 사람에게도 영향을 미치게 된다. 그를 시기하며

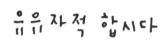

유유자적 합시다

투자에 욕심을 내는가 하면, 그런 성과를 못 낸 본인을 자책하며 위축되기도 한다. 그래서 돈에 관한 개인적인 감정은 가능한 드러내서는 안 된다.

　내가 개인적으로 주식 투자를 할 때도 수익이 나면 과시를 하고 싶었던 건지 자꾸 어딘가에 돈을 쓰고 싶어졌다. 아내에게 맛있는 걸 먹자며 외식을 했고, 백화점에 들러 예쁜 옷도 골라보라고 했다. 친구들과 술을 마실 때도 멋스럽게 두툼한 지갑을 꺼내어 계산을 했다. 하다못해 자고 있는 아이들에게 용돈이라며 덥석 손에 쥐어주기도 했다.

　가장 큰 문제는 아직 팔지도 않은 주식으로 "이걸 얼마에 팔면 뭐를 할 테니까 조금만 기다려봐."라며 주변 사람들을 기대하게끔 만드는 것이었다. 그 기대치에 부흥하기 위해 그 가격이 올 때까지 마냥 기다려야 했고, 대부분 손실을 입은 채 팔면서 약속을 지키지 못한 허풍쟁이가 되어야 했다.

　아이들이 초등학교에 입학할 때 책상과 책장을 바꿔주고 싶었고, 마침 보유하고 있던 주식이 많이 올라 있어서 아내와 함께 가구점에 들렀다. 그중에서 가장 좋은 제품으로 아이들 방을 가득 채울 수 있도록 주문 제작을 했다. 아내는 책상과 책장만 바꾸자고 했지만 한참 올라가고 있는 주식을 떠올리며 수납공간이 많아야 정리 정돈이 잘되는 법이라며 붙박이장으로 아이들 방을 꾸며주었다.

주식이란 게 참 희한할 때가 많다. 그렇게 잘 오르던 주식이 왜 하필 가구를 들여놓은 날부터 떨어지기 시작하는지, 꼭 누군가가 나를 지켜보면서 장난치는 것 같았다. 이 상황을 알고 있었던 아내가 쓸데없이 비싼 가구를 샀다며 속상해했지만 10년이 넘도록 아직까지 잘 사용하고 있으니 돈값은 한 셈이다.

지중해 부자가 항상 비슷한 옷과 같은 안경을 쓰고 다녀서 출장 가는 김에 면세점에서 바꾸라고 한 적이 있었다. 그가 눈을 부릅뜨고 위아래로 나를 훑어보더니 멀쩡한 걸 왜 바꾸냐며 화를 냈다.

회장님처럼 돈 많은 사람들이 돈을 써야 소비가 늘어서 경제가 좋아진다고 했더니 "쓸 돈이 없다."고 했다.

부자들은 돈을 잘 쓰지 않는다. 자산의 대부분을 주식과 부동산, 채권 등으로 가지고 있기 때문에 쓸 돈이 없는 것이다. 그도 생활비가 모자라면 주식을 팔기도 했는데, 그때가 마음이 제일 아프다고 했다. 그래서 여간해서는 소비를 하지 않는다.

그가 융단을 꺼내 오래된 안경을 닦으면서 말했다.

"돈이 나에게 오기까지 얼마나 많은 여정을 거쳤을지 생각을 해봐. 그리고 나는 그 돈을 얻기 위해 얼마나 많은 고생을 했는지도 생각해보고. 그런 생각을 하면 돈을 쉽게 쓸 수가 없지."

돈이 많은 자산가들은 돈을 쓰지 않아도 삶에 티가 나질 않는다. 이미 많은 것을 갖추고 있기 때문에 돈 쓸 곳이 별로 없다. 하지만 돈을 아껴 써야 하는 일반 사람은 돈 쓸 일이 끝도 없다. 갖춰놓은 것이 없기 때문에 먹고 사는것부터 바꿔야 하는 것까지 써도 써도 끝이 없다.

돈의 씀씀이는 상대적으로 평가되기 때문에 어디까지가 절제인지는 명확히 나타낼 수가 없다. 한 달에 1,000만 원을 번 사람이 100만 원을 썼다면 절제했다고 할 것이고, 100만 원을 번 사람이 100만 원을 썼다면 절제 좀 하라고 할 것이다. 이렇듯 같은 돈이라 해도 누가 돈을 쓰느냐에 따라 정반대의 상황으로 해석된다.

이런 논리라면 쓰고 싶은 곳에 쓰면서 절제를 하고 싶다면 소득을 늘리는 수밖에 없다. 소득이 적은 사람이 아무리 아껴 쓴들 그걸 절제라고 부르기 어렵기 때문이다.

주식 투자로 번 돈은 절제하기가 더 힘들다. 들쑥날쑥한 주가 변동으로 오랜만에 수익이 날 수밖에 없고, 이때 그동안에 참아왔던 소비 본능이 한 번에 터져 나오기 때문이다.

전업 투자자로 전향한 사람이 주식으로 돈을 벌면 골프채를 들기 시작한다. 조금 더 지나면 해외를 다니면서 골프를 친다. 매시간 주식에 신경을 써도 모자랄 판에 골프를 치고 연습하는 데 많은 시간을 보낸다. 그들은 투자 정보의 교환과 운동이라는 명분으로 골프를 치지만 머지않아 다른 직장을 알아보거나 새로운 직업 교육을 받으러 다니기 일쑤이다.

매매를 직접 하는 주식 고수들이 골프를 치지 않는 이유는 칠 시간이 없기 때문이다. 일반인들이 돈 좀 벌었다고 절제를 못 하고 여기저기서 돈을 쓰는 데 시간을 보내면 그 분야에서 살아남기 힘든 것이 당연하다.

지중해 부자는 큰 수익이 나면 아무것도 하지 말고 당분간 쉬라고 했다. 수익이 나면 자만하게 되어 있고, 그런 들뜬 마음으로 투자를 하면 많은 걸 잃게 된다고 했다. 또 큰돈을 벌면 이런 돈은 또 벌 수 있다는 생각에 절제 없이 쓰게 되고, 그런 자만으로 많은 걸 잃게 된다.

주식은 한 번 수익을 내면 다음번에도 수익을 낼 것 같은 묘한 속성을 가졌다. 때문에 수익이 났다고 해서 무작정 쓰려고 하지 말고 조용히 쉬는 게 투자에 많은 도움이 된다.

주식 투자로 돈을 벌었을 때 미리 사용 계획을 세워두면 자금 관리에 많은 도움이 된다.

1. 대출을 갚아라

대출이 있는 상황에서 추가로 돈을 벌었다면 이유 불문하고 대출금을 줄이는 데 써야 한다. 주식 투자를 하는 사람들은 대게 돈을 더 벌어서 한꺼번에 갚으려고 하는데, 대출이 더 늘면 늘었지 대출을 한번에 갚은 사람을 본 적이 없다. 어차피 갚아야 할 대출이라면 수익이 났을 때 갚는 게 좋다.

2. 저축을 해라

수익금을 별도의 통장에 저축을 하는 건 다음의 투자를 위한 준비 과정이다. 주가 하락 시 정말 좋은 주식을 싼 가격에 살 수도 있고, 내가 보유하고 있는 주식의 비중을 늘리는 데 쓸 수도 있다. 주식 투자는 현금이 많은 사람이 무조건 유리하니 꼭 수익금을 별도로 모아두는 것이 좋다.

3. 꼭 필요한 것 한두 개 정도를 사라

꼭 필요한 전자 제품이 오래되어서 고장이 났거나, 아이들이 자라서 가구를 바꿔야 하는 식의 꼭 필요한 지출이 있다면 기분 좋게 쓰는 것도 좋다. 단, 수익에 도취되어서 승용차를 바꾸는 식의 과도한 지출은 반드시 후회할 일을 치르게 된다.

"주식으로 돈을 벌었다면
별도의 통장에 수익금을 저축해."

- 지중해 부자

STORY 14

책은 가까이,
시세 확인은 멀리

주식 투자를 하는 사람은 골치가 아프다. 전업 투자자는 수시로 변동되는 주식 시세 창을 보면서 매매하기에 더욱 그러하다. 한참 기술적 분석을 공부하면서 매매를 할 때는 잠을 제대로 못 잤다. 잠자리에 누워도 달아오른 머리는 좀처럼 식질 않았다. 잠을 못 자니 당연히 컨디션이 안 좋아졌고, 두통과 소화 불량을 달고 살아 건강에도 문제가 생겼다. 친하게 지내는 투자 자문사 대표의 사무실에는 약국을 방불케 할 정도로 수많은 약이 책장에 가득 차 있다. 어떤 증상이 나타나도 즉시 조제를 할 수 있을 정도라고 한다. 주식 투자 종사자 중에는 약을 먹지 않는 사람이 없을 정도로 고된 일이다.

신문 광고에 나온 '숙면을 취할 수 있는 수면 베개'라는 광고를 본 적이 있다. 광고의 내용을 보니 딱 나 같은 사람을 위한 베개였다. 가격은 비쌌지만 잠을 워낙 못 자던 터라 주문을 했다. 속은 편백나무 조각으로 채워져 있었고, 겉감은 전통 방식의 감물을 들인 천으로 되어 있어 촉감이 좋았다. 그 베개를 벤 뒤로 잠을 잘 자게 되었다. 무엇보다 베개가 달궈지지 않으니 시원한 상태로 잠을 푹 자게 된 것이다. 제품을 사고 나서 이렇게 감탄해본 적이 없었다. 그래서 고마운 마음에 베개 회사에 감사 편지를 썼다. 좋은 제품을 만들어줘서 고맙다는 말과 덕분에 잠을 잘 자서 건강까지 좋아졌다고 했다.

며칠 후 그 회사의 사장님으로부터 답장이 왔다. (무려 5장의 편지였다.) 제품을 사용해준 고객에 대한 감사의 마음을 가득 담았는데 그런 사장님의 마음이 나의 마음보다 더 진실하게 느껴졌다. 베개에 이어 사장님까지, 연속으로 감동을 받자 당시에 출간된 나의 책에 사인해서 보냈다. 그랬더니 식사에 초대하고 싶다는 연락이 왔다. 그래서 베개 회사 사장님을 만나게 되었다. 그 회사는 중년을 타깃으로 하는 패션 의류 용품 등을 통신 판매하는 회사였다. 놀란 점은 사무실을 가득 채운 콜센터 직원이 아니라 벽면을 가득 채운 책들이었다. 해외에서 마케팅을 공부하고 국내에서 패션 사업을 시작한 그는, 시간이 날 때마다 책을 읽고 또 읽었다고 한다. 별도의 시간을 정해서 읽는 것이 아니라 항상 소지하면서 틈만 나면 책을 읽는 것이 독서의 비결이라고 했다. 사업을 하면서 힘들고 외로울 때 친구가 되어주고, 훌륭한 스승이 되어주는 것은 오로지 책뿐이라고 했다. 책을 읽을수록 사업은 번창했고, 독특한 영감도 얻을 수 있어 기발한 광고를 통해 나 같은 고객을 끌어들이고 있다고 했다. 제품이 좋은 것은 말할 것도 없다. 지금도 그 회사의 광고를 보고 있으면 나도 모르게 전화기를 들어 주문을 하게 된다.

모임에서 알게 된 주식 투자 고수의 말을 듣고 투자의 실패를 제대로 맛본 옥이는 주식의 '주' 자도 듣기 싫어졌다. 그동안 주식 투자로 빚진 대출을 갚느라 친구들을 멀리하고 좋아하는 치킨도 거의 안 사 먹었다. 이제야 겨우 대출을 갚고 온전한 일상으로 돌아왔다. 아무리 생각해봐도 투자는 해야 할 것 같았다. 뉴스를 보면 죄다 부동산이 올랐느니 주식이 올랐느니 이런 얘기뿐이니 가만히 있는 자신이 또다시 한심하게 느껴졌다. 하지만 지난번 일을 떠올리니 또 그런 일이 발생할까봐 겁부터 덜컥 났다.

고민 끝에 주식 투자에 다시 한 번 도전하기로 했다. 그런데 이번 달에 투자할 수 있는 돈이 한 푼도 없었다. 어쩔 수 없이 매달 150만 원의 생활비를 제외하고 남는 50만 원으로 자유적금에 가입했다. 오랜만에 적금에 가입하니 뭔가를 새롭게 시작하는 것 같아 마음이 뿌듯했다. 이왕 하는 거 뭔가를 더 하고 싶어졌다. 그래서 생활비에서 5만 원을 줄여 우리나라에서 제일 비싼 주식(시가 총액 1위)인 삼성전자 1주를 샀다. 그렇게 옥이의 통장에는 50만 원의 적금과 삼성전자 주식이 들어왔다. 통장을 보고 있으면 비록 적은 금액이지만 기분만은 그 여느 때보다 최고였다. 재테크를 위해서 무언가를 했다는 생각에 기분이 너무 좋아졌다.

옥이는 삼성전자 주식을 갖고 있다는 생각이 들자 그 회사가 궁금해졌다. 누군가의 추천으로 산 게 아니라 본인이 고민해서 구입한 주식이라 그런지 무척 관심이 가고 애착이 갔다. 그래서 네이버 증권에서 삼성전자의 실적도 찾아보고, 뉴스도 읽었다. 애널리스트가 작성한 보고서도 읽었는데 어려운 주식 용어가 많아서 주말에는 도서관에서 주식 관련 책도 읽었다.

예전처럼 시세 확인은 할 필요가 없었다. 우리나라 최고 회사가 망할 리도 없고 조금 올랐다 해서 팔 계획도 없었기 때문이다. 노후 준비라고 생각하고 보유할 계획을 세우니 마음이 너무 편했다. 수시로 주식 시세를 보면서 마음 졸여야 했던 예전과는 완전 정반대였다. 앞으로도 적금을 모아서 삼성전자와 같은 주식을 사겠다고 생각하니 어떤 방법으로 좋은 회사를 골라야 하는지 궁금해졌다. 그래서 관련된 책을 주문했다.

옥이는 다음 달에도 적금을 넣었고, 삼성전자 주식 2주를 샀다. 이왕 아끼는 거 생활비를 조금 더 아껴서 주식을 산 것이다. 그동안 주식 투자로 고생하면서 생긴 불면증이 어느샌가 없어져버렸다. 요즘 읽고 있는 주식 투자 책이 얼마나 재미없고 어려운지, 잠들기 전에 서너 장을 읽으면 바로 잠들어 버리기 때문이다. 옥이는 저축을 하고 주식 투자도 하고, 책도 읽는 본인이 너무 대견하고 자랑스러웠다. 왠지 앞으로는 좋은 일만 가득할 것 같았다.

지중해 부자는 출장을 갈 때 매번 같은 책을 들고 다녔다. 책을 읽는 건지 폼으로 들고 다니는 건지 헷갈릴 정도로 같은 책만 읽고 있기에 "왜 한 권의 책만 읽으세요?" 하고 물어본 적이 있다.

"난 마음을 휘젓는 책을 발견하면 100번은 읽어야 돼, 그 정도는 읽어야 작가가 말하는 바를 뼛속까지 흡수할 수 있거든. 젊은 사람이야 많은 책을 읽으면서 견문을 넓혀야겠지만, 나처럼 연륜이 쌓인 사람은 좋은 책을 반복해서 읽어야만 살면서 놓친 부분이 있는지 깨우칠 수 있거든. 같은 내용이라도 읽을 때마다 느끼는 게 달라. 그런 것들이 삶에 중요한 역할을 하지."

그는 오래되어 모서리가 해진 가죽 가방을 항상 들고 다녔는데 그 안에는 안경집과 작은 노트, 볼펜 그리고 책이 항상 들어 있었다.

사람이 임종을 앞두고 가장 아쉬워하는 것 중 하나가 바로 '내가 좋아하고 잘하는 것을 모르고 죽는 것'이라고 한다. 그걸 알고 살았다면 세상을 사는 게 더 재밌고 풍요로웠을 텐데, 그걸 모르고 산 것이 아쉬운 것이다. 자신이 무엇을 좋아하고 잘하는지 제대로 알려면 세상의 모든 것을 경험해보면 된다. 하지만 현실적으로 불가능하니 간접적으로 세상을 경험하는 수밖에 없는데, 그건 책을 통해서 가능하다. 책을 읽어야 하는 이유는 마음의 양식을 쌓기 이전에 나를 알기 위함이다.

나는 원래 평범한 회사원이었다. 직장 생활을 하면서 억척스럽게 돈을 모았고, 그 돈으로 집을 사고 계속해서 자산을 늘려서 주변에 알려지게 되었다. 그때만 해도 남들 앞에서 강의를 하고, 책을 쓴다는 건 상상도 못 했다. 더군다나 금융 투자 회사를 설립하고 경영한다는 것은 죽었다 깨어나도 못 할 일이라고 생각했다. 2005년부터 일주일에 2권의 책을 읽었다. 1년이 지났을 때 100여 권의 책을 읽었고, 3년 후엔 300권의

인생 전반에
도움을 주는 것들!

READING

RUNNING

책을 읽었다. 300권이 꽂혀 있는 책장을 유심히 바라봤더니 특정한 제목들이 몰려 있는 것을 확인하게 되었다.

책을 매주 꾸준하게 읽으려면 책을 고르는 게 힘들다. 처음에는 베스트셀러나 추천 도서 위주로 책을 읽지만 금세 한계가 온다. 어쩔 수 없이 평소에 관심 있던 분야나 재밌게 읽었던 책과 비슷한 부류의 책을 찾게 되고, 그것이 점점 쌓이게 되면서 특정한 분야의 책들이 많아지는 것이다. 그렇게 찾아낸 분야가 내가 잘하고 좋아하는 것일 가능성이 크다. 그 정도의 책을 읽을 정도라면 누구보다도 관심이 많고, 누구보다도 잘할 수 있기 때문에 즐겁게 일할 수 있게 된다.

책이 300권이 넘는 책장을 봤을 때 대부분 경제, 돈, 금융, 투자와 같은 분야들의 책이었다. 그때부터 내 직업이 바뀌기 시작했다. 기존의 회사를 그만두고 금융 회사에서 일을 할 때는 비록 비정규직에 기본급도 없이 영업 수당만을 받았지만 무척 재밌게 일했다. 내가 관심 있는 분야라서 그런지 사람을 만나 얘기하는 모든 것들이 다 배움과 경험으로 다가왔다. 그런 경험이 쌓이자 남들에게 알려주는 것이 재밌고, 그 내용을 책으로 쓰는 것도 재밌었다. 재미가 있으니 강의가 즐겁게 진행되고, 책의 내용도 재밌게 써졌다. 학창 시절 국어 과목을 유난히 못하고 숫기가 없어 남들 앞에서 말도 못했었는데, 그런 건 아무런 제약이 되질 않았다.

나에게 세상 사람을 둘로 나눠보라고 한다면 책을 읽는 사람과 읽지 않는 사람으로 나눌 것 같다. 그 정도로 책은 사람의 인생을 바꿔놓을 강력한 힘을 가지고 있다.

주식 투자는 정신력 싸움인데 정신력을 키우는 건 수많은 경험을 쌓거나 그 경험을 담은 책을 읽으면서 습득하는 방법밖에 없다. 정신력이 약한 사람의 특징은 수시로 시세 확인을 하며 불안해하는 것이다. 올라도 불안하고 내려도 불안하다. 오르면 다시 떨어질까봐 불안하고 내리면 더 떨어질까봐 불안한 것이다.

개인적으로 투자할 때 내가 딱 그랬다. 주식을 사면 그때부터 시세 확인은 물론 그와 관련된 뉴스를 봐야 하고 전날 미국의 증시도 확인해야 하니 피곤함이 떠나질 않았다. 그래봐야 주가에 아무런 도움도 안 되는데도 불안하니까 했던 행동들이었다. 지금은 완전히 다른 생활을 한다. 출근을 하면 9시 전까지 책을 읽고, 점심시간에는 다양한 사람들과 식사를 하며, 5시가 되면 퇴근을 하고 집까지 걸어서 간다.(무려 2시간이나 걸리는 거리인데도 걸어서 간다.) 주변에서는 시간을 아낄 겸 자전거를 타라고 했지만 걸으면서 생각하는 시간이 독서를 하는 시간만큼 중요하고 소중하다. 걸으면서 오늘 있었던 일을 되돌아보고 힘든 일이 있었다면 훌훌 털어내기 위해서 빨리 걸으면서 땀을 흠뻑 내기도 한다. 이러한 꾸준한 독서와 운동은 특히 어려운 시기가 닥쳤을 때 견딜 수 있는 강인한 정신력을 키워준다. 주식 시장의 특성상 항상 어려운 시기가 닥치기 마련인데, 그 시기를 어떻게 지혜롭게 보내느냐에 따라 투자의 성패가 갈리기도 한다. 나는 다행히도 지중해 부자에게 배운 방법대로 독서와 운동을 하면서 어려운 시기를 이겨낸다.

투자의 대가들이 쓴 책을 읽으면 좋지만 '1년에 수백 퍼센트의 수익을 내는 법' 등의 기술적인 방법을 알려준다는 책은 그리 도움이 되질 못한다. 주식 투자는 어떤 방법으로도 확실한 수익을 낼 수 없기 때문에 책에 나온 방법을 따라 했다간 모진 수업료를 낼 가능성이 크다. 나도 기술적 방법을 서술한 책을 읽어봤지만 명확한 방법을 제시하기보다는 두루뭉실한 방법으로 시장에 맞게 대응하라는 게 대부분이었다. 주식 투자의 대가들이 쓴 책은 방법론보다는 태도나 정신적인 면을 강조한다. 그들이 힘든 시기를 어떻게 이겨냈고, 미래를 바라보는 혜안을 어떻게 길렀는지 몇 번을 되풀이하며 읽는다면 주식 투자에 많은 도움이 될 것이다.

"매일 꾸준히 책을 읽고 운동을 해.

이건 주식뿐만 아니라

인생 전반에 많은 도움을 주지."

– 지중해 부자

STORY 15
긍정적이어야 한다

대부분의 대형 증권사는 고액 자산가 고객을 대상으로 골프 대회를 개최한다. 고객을 위한 마케팅 차원인데, 해외에서 골프 대회가 열렸을 때 참석한 적이 있었다. 골프를 치러 간 것은 아니고, 고객에게 경제 강연과 자산 관리에 대한 개인 상담을 맡아서 간 것이었다.

　당시 참석했던 고객의 주식 계좌 평균 잔고는 100억 원이 넘었다. 주식 외에도 부동산과 해외 채권을 많이 보유하고 있었는데, 부동산은 의외로 아파트 보유 비중이 낮았다. 본인이 살고 있는 주택이 대부분이었고, 월세를 받을 수 있는 건물이나 상가를 많이 보유하고 있었다. 일주일 동안 그들과 함께 식사를 하고 상담을 하면서 저녁에는 가볍게 술도 마시고 대화를 나누었다. 그러던 중 그들에게 공통되는 특징이 있다는 걸 알았다. 바로 투자에 있어서 매우 긍정적이라는 점이었다. 비관적인 사람은 주식을 멀리하기에 당연히 참석할 이유가 없어서 그런지는 몰라도 투자에 있어서 부정적인 사람은 단 한 명도 찾아볼 수 없었다.

자산가들은 본인의 힘들었던 과거 얘기를 하는 것을 좋아한다. 그래서 개인 상담을 할 때 주로 그들의 얘기를 들었는데, 그동안 투자나 사업을 하면서 겪은 수많은 실패 이야기를 할 때면 눈시울을 적시는 사람들이 많아서 듣는 사람까지 울먹거려야 했다.

사업이든 주식 투자든, 그 어떤 것을 하더라도 매사에 긍정적인 마음은 결과에 지대한 영향을 미친다. 부자라고 해서 손대는 것마다 성공하고, 투자하는 것마다 수익을 낸 사람은 아무도 없다. 우리와 비슷한 확률로 실패와 성공을 반복하지만 우리가 실패로 좌절하고 포기할 때, 그들은 다음번엔 더 잘될 거라는 긍정적인 마음으로 매번 도전했기에 더 큰 성공을 거둔 것이다.

지중해 부자도 국내에서 가끔 골프를 치러 다녔다. 골프를 마치면 골프장 근처에 있는 현리 식당이라는 곳에서 청국장을 꼭 먹어야 했다. 같이 골프를 쳤던 사람 중에 60대 여성이 있었는데, 그녀는 한때 지중해 부자와 친했던 친구의 부인이었다. 그녀의 남편은 방문 손잡이를 만드는 공장을 운영하고 있었고, 중국에 공장이 두 곳이나 있을 정도로 큰 규모의 사업을 했다.

몇 년 전 지병으로 남편이 세상을 떠나자 살림만 하던 그녀는 중국 공장을 운영하기 힘들다며 경쟁 회사에 팔았다. 이때 막대한 자금을 상속을 받아 골프를 치며 편하게 살고 있었다. 지중해 부자는 그녀를 사모님이라고 불렀다.

그녀는 골프장에서 공을 칠 때마다 "오늘 공이 참 안 맞네." 라는 말을 입에 달고 있었다. 나중에는 골프 인생에서 오늘이 제일 못 쳤다며 캐디에게 온갖 불만을 쏟아낸 적도 있었다.

다 같이 골프를 마치고 현리 식당에서 식사를 할 때, 허겁지겁 청국장에 밥을 말아 먹고 있던 지중해 부자에게 그녀가 덥석 질문을 했다.

"요즘 주식 시장이 좋아서 주식 좀 사려고 하는데, 회장님 생각은 어떠세요?"

그때는 코스피 지수가 2,500을 넘으며 연일 주식 시장이 상승했던 시기였다. 지중해 부자는 한 치의 망설임도 없이 대답했다.

"하지 마세요. 사모님처럼 매사에 부정적인 사람이 주식을 한다고 할 정도면 오를 대로 올랐으니 하지 말라는 겁니다."

그녀는 아주 불쾌하다는 표정을 지었다. 아무래도 긍정적인 말을 원했던 것 같았다. 분위기가 썰렁해지자 내가 물었다.

"그럼 언제 주식을 사면 좋을까요?"

"너 같이 긍정적인 사람이 버티다 더 이상 버티질 못하고 팔려고 할 때 그때가 바닥이니 그때 사는 게 좋겠지."

그 말을 듣던 그녀는 수저를 내려놓더니 나에게 주식을 팔게 되면 연락 달라며 연락처를 알려주었다.

그녀는 주식 투자를 몇 번 했었는데 손해가 나 속상해 죽겠다며 본인은 주식과 잘 안 맞는 사람이냐고 물었다.

"주식 투자는 속상함의 연속입니다. 그 속상함을 이겨내는 사람이 돈을 버는 것이지요. 몇 번 속상했다고 주식하고 맞네, 안 맞네를 따졌다간 주식하는 모든 사람이 다 안 맞는 사람이 될 겁니다."

그녀는 무안한 표정을 지으며 속상함을 어떻게 이겨내느냐고 물어봤다.

그는 "좋게 생각하면서 그냥 기다리는 것뿐."이라고 했다. 손실이 났더라도 '다음번엔 수익이 나겠지.'라고 생각하던가, 좋은 주식이라 생각했는데 주가가 떨어지고 있다면 '언젠가는 올라가겠지.'라고 기다리면 된다며, "기회는 항상 온다고 생각하라."고 했다.

우리 회사에서는 매년 11월이 되면 그 해의 대략적인 성과가 나온다. 12월에 어마한 폭락장이나 폭등장이 나오지 않는 이상 대부분 그때까지의 성과와 비슷하게 마무리된다. 목표 대비 얼마의 성과를 달성했느냐에 따라 성과급이 지급되고 해외로 단체 여행을 떠나기도 한다.

몇 년 전, 좋은 성과를 내고 직원들과 일본 오키나와로 여행을 간 적이 있었다. 일본에도 이런 섬이 있었나 싶을 정도로 한적하고 아름다운 산홋빛 바다에 전혀 일본답지 않은 분위기를 볼 수 있는 섬이었다. 다음번엔 가족들과 함께 와야겠다고 생각하던 찰나, 갑자기 전투기 수십 대가 나타나더니 섬 주변을 빙빙 돌면서 훈련을 시작했다. 소음이 너무 커서 바로 옆 사람이 고성을 질러도 못 들을 정도였다. 그런 광경에도 태평히 생활하는 주민들이 대단하다는 생각이 들었다. 다음 날엔 해가 뜨기도 전에 전투기 소리가 들려서 잠결에 뛰쳐나간 적도 있었다. 비몽사몽 해서 전쟁이 난 줄 알았다. 날아다니는 전투기를 그렇게 가까이서 보는 것은 볼거리였지만 다시는 오지 않겠다고 수차례 다짐했던 여행이었다.

오키나와에 우리와 일임 계약을 맺고 있는 투자 자문사 사장님과 다른 투자 회사 사장님도 함께 참석을 했다. 그 두 분은 주식 투자에 있어서 극단적인 견해 차이를 보였다. 식사를 하거나 술을 마실 때 주식 얘기만 했다면 1시간이고 10시간이고 끝없이 언쟁을 벌이는 친한 사이였다.

자문사 사장님은 긍정론자이다. 투자에 있어서 긍정론자는 주로 장기 투자를 하며 높은 수익을 추구한다. 반면 또 다른 투자 회사의 사장님은 비관론자로 고수익은 고위험을 동반하므로 단기 투자를 지향하며 수익보다는 위험 관리에 더 신경을 쓴다.

2017년 6월경 여의도의 어느 호프집 야외 테이블에서 하반기 주식 시장 전망을 두고 '좋아질 거다', '더 나빠질 거다'로 두 사장님이 언쟁을 벌인 적이 있었다. 끝내 내기까지로 번졌다. 긍정론자 사장님은 KODEX 200(코스피 지수가 올라야 수익)에 부정론자 사장님은 KODEX 인버스(코스피 지수가 하락해야 수익)에 각각 5,000만 원씩 투자하고, 7월 1일부터 12월 31일까지 보유한 주식의 수익이 더 높은 사람이 이기는 내기를 한 것이다. 벌칙은 이긴 사람이 얻은 수익금만큼 보상해주는 것이었다.

그해 하반기는 상승장도 하락장도 아닌 횡보장이었기에 둘다 맞춘 것은 아니지만 7월 1일의 주가보다는 약간의 상승으로 마감을 해서 긍정론자 사장님이 내기에서 이기게 되었다.

주식 시장은 긍정론자에게 절대적으로 유리한 시장이다. 상식적으로 생각해봐도 경제가 발전하는 만큼 시장은 장기적인 상승을 하며, 하락하진 않는다. 일시적인 하락은 있어도 계속적인 하락은 없다. 그래서 장기 투자에 있어서는 긍정론자가 유리한 것이다.

1928년부터 2018년까지 90년간 미국 S&P500 지수를 보면 상승기는 평균 9년이었고, 하락기는 평균 1.3년에 불과했다. 상승하는 기간이 7배나 많은 것이다.

우리나라도 마찬가지다. 1980년 1월 4일을 기준 시점으로 100으로 시작한 코스피 지수는 2020년 6월까지 오르고 내리기를 반복하며 2,200까지 올라와 있다. 22배가 오른 것이다. 그래서 주식을 오랫동안 보유한 긍정론자가 주식 부자가 되는 것이다. 비관적인 사람은 부자보다는 주가 하락의 예언을 맞춰 인기를 얻는 정도의 학자에 그치는 경우가 많다.

과거의 기록으로 미래를 예측할 수는 없지만 경제가 성장한다면 주식 시장도 함께 성장할 수밖에 없다. 과거처럼 상승 기간이 더 길게 될 것이다. 그래서 주식은 우량한 회사를 오래

보유할수록 수익이 좋아질 수밖에 없다.

앞서 얘기한 두 사장님이 경영하는 투자 회사의 실적도 뚜렷하게 비교된다. 긍정론자 사장님의 회사는 승승장구하며 매년 성과급 지급과 해외여행을 떠나지만 비관론자 사장님의 회사는 그런 소리를 들어본 적이 없다. 직원들이 수시로 바뀐다는 소식만 들려왔다.

주식 투자 긍정론자의 특징

1. 장기적인 투자를 한다.

2. 시장 변화에 민감하게 반응하지 않는다.

3. 주가가 떨어지면 주식을 더 산다.

4. 오를 때까지 기다린다.

5. 크게 벌어서 부자가 많다.

주식 투자 비관론자의 특징

1. 단기적인 매매를 한다.

2. 시장 변화에 민감하게 반응한다.

3. 주가가 떨어지면 바로 손절을 한다.

4. 조금만 올라도 팔아버린다.

5. 돈을 다 잃고 주식 시장을 떠난다.

결론적으로 소수의 긍정론자들이 대부분의 수익을 가져간다. 그래서 주식 시장에서는 긍정론자가 되어야 한다.

　주식 투자에 있어서 긍정론자가 되기 위해서는 일단 많이 알아야 한다. 알아야 긍정적으로 기다릴 수 있게 된다. 잘 모르면 불안해지고 불안하면 비관적인 생각을 하게 된다. 많이 알기 위해 주식에 관심을 갖고 공부를 하고, 여기에 시장의 흐름을 읽을 수 있다면 좋겠지만, 그렇지 못하더라도 내가 투자한 회사가 어떤 회사이고 우량한 회사인지 정도만 알고 있어도 긍정적으로 기다릴 수 있게 된다.

"긍정론자가 되어야 해.
긍정적인 마음으로
우량한 회사 주식을 오랫동안 보유해야
높은 수익을 올릴 수 있어."

– 지중해 부자

STORY 16

좋은 운을 쌓아라

주식 투자는 기술적인 분야라고 대부분 생각한다. 그래서 실력을 쌓기 위해 공부를 하고 비법을 배우며, 경험과 실력을 쌓지만 의외로 실력보다는 운이 결정적인 역할을 할 때가 있다. 주식 투자를 오랫동안 해본 사람이라면 충분히 납득될 것이다. 운이란 것도 주식 투자의 한 영역이라 생각하기 때문에 마지막 장은 좋은 운을 쌓아 좋은 투자의 결실을 내는 것에 대해 소개하겠다.

　　지중해 부자와 등산을 간 적이 있다. 소백산이었는데 얼마나 힘들게 올라갔는지 지금까지 등반한 산 중에 제일 힘들었던 것으로 기억된다. 등산로 초입에는 깔딱고개라고 불리는 계단이 시작되는데 경사가 얼마나 높고 길던지, 아무래도 체력 테스트를 하려고 일부러 이곳으로 온 것 같았다. 그는 워낙 운동을 많이 하기에 문제없이 계단을 올랐지만, 당시에 살이 찔 대로 찐 나는 5분도 오르지 못하고 쉬는 것을 반복해야 했다.

한참을 오른 뒤에 능선이 시작되었고 이때부터는 평탄하게 등반을 할 수 있었다. 그렇게 등산을 하던 중 처음으로 그의 입에서 쌍욕이 나오는 것을 들어보았다. 지금 생각해봐도 깜짝 놀랄 정도의 욕이었다.

등산길 중간중간에 앉아서 쉬는 사람들은 대부분 간식을 먹거나 식사를 하고 있었다. 막걸리 판을 거하게 벌이고 술을 마시는 사람들이 있었는데, 그 자리를 보니 음식 쓰레기와 막걸리병을 그대로 두고 가버린 것이 화근이었다. 지중해 부자가 그 모습을 보고 욕을 해댔다. 그는 배낭에서 비닐 봉투와 장갑을 꺼내어 쓰레기를 줍기 시작했다. 보고만 있을 순 없어서 함께 쓰레기를 주워서 비닐에 담았다.

"사람은 이롭게 살아야 돼. 이렇게 무심코 쓰레기를 버리면 누가 치울 텐가. 그냥 놔두면 썩는 데만 수십 년이 걸릴 테고, 청소부도 없으니 누군가는 치워야겠지. 세상은 이로움과 해로움으로 판단을 내리거든. 세상을 이롭게 하는 사람에게는 좋은 운을 주는 것이고, 이렇게 해롭게 하는 사람들에게는 나쁜 운만 주는 것이지."

그를 볼 때마다 어쩌면 저리 운이 좋을까 생각했던 적이 많았다. 그래서인지 그의 말을 귀 기울여 듣게 되었다.

"주식 투자를 하든, 돈을 벌든 마찬가지야. 몇 푼 벌려다 큰돈을 날리는 것도 실력보다는 운이 없는 경우가 많지."

과거에 투자를 했던 때를 떠올렸다. 수익이 날 때는 조금씩 났고, 손해를 볼 땐 왕창 잃었으니 그의 말대로라면 운이 없거나 부족했던 셈이었다.

그럼 이로운 일을 많이 하면 운도 좋아지는지 물어보았다.

"당연하지, 운도 돈과 똑같아. 돈을 벌듯이 운도 얼마든지 벌 수가 있어. 다만 좋은 운과 나쁜 운이 있다는 걸 명심하고 좋은 운만 벌도록 노력해야겠지. 내 몸 안에 운이라는 통장이 있다고 생각해봐. 좋은 일을 하면 좋은 운의 잔고가 늘어나고, 나쁜 일을 하면 나쁜 운의 잔고가 느는 것이지."

"그럼 방금 전에 그렇게 심한 욕을 하셨으니 회장님은 나쁜 운이 늘어났겠네요?"

그가 콧방귀를 터트리면서 대답했다.

"난 좋은 운을 워낙 많이 저축해놔서 그까짓 건 괜찮아. 지금도 쓰레기를 주우면서 좋은 운을 저축하고 있잖아."

그와 나는 등산을 마치고 지칠 대로 지친 몸으로 허름한 식당에 들렀다. 출입문 옆에 세워 놓은 간판은 얇은 나무판자에 빨간색 글씨로 '집에서 키운 토종 닭백숙'이라고 적혀 있었다. 날도 덥고 2시가 넘은 시간이라 배가 너무 고파서 빨리 준비되는 식사를 하고 싶었는데, 백숙을 먹는다 생각하니 나의 표정은 시큰둥해졌다. 그는 이미 산에 오르기 전부터 이 집을 점찍은 듯 아무 말 없이 문을 열고 들어갔다.

식당이라기보다는 시골의 큰 가정집이었고, 손님은 아무도 없었다. 우리는 신발을 벗고 방으로 들어가 식탁 한쪽에 편하게 앉았다. 아무리 불러도 대답이 없자 약간은 짜증이 섞인 큰 목소리로 주인을 불렀더니, 낮잠을 주무시던 70대 할머니가 방문을 열고 나오셨다. 그는 백숙을 주문했고, 할머니는 무척 귀찮은 표정으로 하품을 하면서 어디론가 사라져버렸다.

한참이 지났는데도 물과 반찬이 안 나왔고, 할머니는 보이지도 않았다. 잠시 후 할머니가 힘들어서 닭을 못 잡겠다며 닭 좀 잡아달라고 하셨다. 할머니를 따라갔더니 집 뒤편의 산자락에 큰 닭장이 있는데 이곳에서 살아 있는 닭을 잡아달라는 것이었다. 대략 20마리 정도의 토종닭이 있었는데, 내가 조금만 다가가도 도망 다니거나 날아다녔다. 괜한 오기가 생겨서 제일 큰 닭을 찜해놓고 10분을 넘게 쫓다가 드디어 잡을 기회가 생겼는데 나도 모르게 까무러치고 넘어져버렸다.

난 닭이 그렇게 무서운 동물인 줄 몰랐다. 도망 다니던 닭이 갑자기 나에게 날아왔다. 피하려다 뒷걸음치며 넘어져버렸다. 그 광경을 지켜보던 지중해 부자가 혀를 차면서 닭장 안으로 들어왔고 순식간에 닭 한 마리를 잡아버렸다.

백숙을 기다리면서 지중해 부자에게 운에 대한 얘기를 물어보았다.

"운이란 게 정말 있는 건가요?"

"당연히 있지. 내가 돈을 많이 번 것도 다 운이 좋아서 그런 거야. 운이 좋으니 좋은 사람들을 만났고 그들 덕분에 부자가 된 것이지."

"그럼 저는 운이 없는 거네요. 주식을 해도 손실이 많고 부자도 아니니까요."

"아니야, 운이 좋은 편이지. 그 정도 먹고사는 것도 운이 좋은 거야. 게다가 나를 만났으니 나만큼이나 운이 좋은 거네. 너도 나처럼 부자가 될 거야."

드디어 기다리던 백숙이 나왔다. 시계를 보니 5시가 훌쩍 넘은 시간이었다. 지금까지 굶긴 게 미안했는지 그는 할머니에게 같이 먹을 수 있는 요리는 뭐가 좋겠냐고 물었다. 할머니는 대답하기 싫은 표정을 역력하게 드러내며 머뭇거리다가 마지못해 감자전밖에 안 된다고 하셨다. 감자전을 주문하자 이번에는 깊은 한숨을 쉬며 호미를 들더니 멀리 보이는 감자밭으로 천천히 걸어가셨다.

앞서 만나봤던 주식 투자 고수 중 주역을 배운 투자자를 만나고부터 운에 대해 좀 더 자세히 알게 되었다. 그의 말에 의하면 바꿀 수 없을 정도의 타고난 운명을 가진 사람은 전체의 1%도 안된다고 했다. 대통령이 되는 사람, 기업의 재벌이 되는 사람, 인기 스타가 되는 사람, 거지가 되는 사람 정도인데, 그런 사람들은 실제 1%도 안되고 나머지 99%는 노력에 따라 얼마든지 운명을 바꿀 수 있다고 했다.

우리 주변을 보면 실력이 있어도 성공하지 못하는 사람이 있고, 실력이 별로 없어도 크게 성공하는 사람들이 있다. 아무리 노력을 해도 일이 안 풀릴 때가 있고, 생각지 못한 곳에서 좋은 일이 생기기도 한다. 주식 투자도 마찬가지다. 가장 좋은 주식은 사자마자 올라가고, 팔자마자 떨어지는 주식이라고 하는데 그런 주식은 실력이 아무리 좋아도 매번 찾을 수 없는 법이다.

살면서 운이라는 건 그저 복권 당첨을 바랄 때만 필요한 거라 생각했다. 하지만 지중해 부자를 만나고부터 운이라는 게 인생에서 무척 중요한 역할을 한다는 걸 알게 되었다. 나는 무신론자이기에 신앙심으로 기도를 해본적은 없지만, 좋은 운을

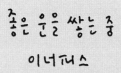

좋은 운을 쌓는 중

이너피스

끌어들인다는 건 간절한 기도와 비슷하다는 생각을 했다. 기도하는 심정으로 좋은 말과 좋은 행동을 하면 좋은 일이 생기게 되었다.

사람은 타고날 때부터 각자의 복을 갖고 태어난다고 한다. 그래서 송충이가 뽕잎을 먹듯 타고난 대로 살아야지 그걸 거부하면 인생이 힘들어진다고 하는데, 나는 그 이야기에 완강히 반대한다. 나의 말과 행동으로 얼마든지 인생을 바꿀 수 있기 때문이다.

가깝게 지내는 자산 운용사 사장님 중에 단기간에 회사를 성장시켜 여의도에서 유명해진 분이 있다. 그분은 사무실 근처에 오피스텔을 따로 얻어 그곳에서 혼자 지낸다. 직원들이 사장의 눈치를 보지 말고 마음껏 일하라는 배려 차원에서 그렇게 한 것이다.

자산 운용사 사무실의 한쪽 벽에는 유명한 서예가가 진인사대천명盡人事待天命이라고 쓴 작품이 큰 액자에 걸려 있다. 사장님은 직원들에게 그 말만 믿으라고 했다. 투자를 하는 데 있어서 요행을 바라지 말고 최선의 노력을 다한 후에 그다음은 하늘에 맡기라는 것이다. 얼마의 수익이 나고 손실이 날지는 하늘에 달려 있다며 평소에 하늘에 잘 보이도록 언행을 조심하라고 했다. 무슨 사이비 교주 같다는 생각이 들겠지만 그는 그런 투자 철학으로 매사에 조신하고 겸손하게 행동하며 회사를 키워갔다.

그는 대학을 졸업하고 증권사의 펀드 매니저로 금융업에 입문했다. 증권사에서 일을 하면서 같은 정보로 다 같이 매매를 하는데 사람마다 수익률이 다른 것이 의아했다고 한다. 그래서 수익이 잘 나는 사람과 그렇지 않은 사람을 구분하여 지켜봤더니 그들의 평소 말과 행동에서 차이가 있음을 알게 되었다. 수익을 잘 내는 직원은 일단 표정이 밝고 인사를 잘하며 겸손하다고 했다. 여기에 회식이나 경조사에 꼭 참석하고, 수익이 잘 났어도 티를 내지 않고 차분하게 매매한다고 한다.

반대의 직원은 정반대의 행동을 했다. 얼굴은 불만으로 가득 차 있고, 회식이나 경조사는 바쁘다는 핑계로 잘 나타나지 않는다. 또 수익이 나면 자랑하기 바쁘고 손실이 나면 죽상을 하고 있어서 아무도 말을 걸 수가 없다. 매번 들쑥날쑥한 기분으로 매매를 하다 보니 성과도 들쑥날쑥이었다고 한다.

이를 보고 말과 행동이 투자에도 지대한 영향을 미친다는 것을 알았고, 그때부터 수익이 잘 나는 사람들과 어울리며 그들의 말과 행동을 따라 했다.

좋은 말과 좋은 행동을 하면 좋은 일이 생기고 그런 일이 반복되면 투자를 해도 좋은 결과가 나온다. 주식에 수천만 원을 투자해놓고 몇 푼 아끼려고 커피숍에서 빨대를 왕창 들고 오거나 마트에서 일회용 비닐을 몰래 가져오기도 한다. 공공의 목적으로 써야 하는 물건들을 집으로 가져올 때도 있다. 운전하면서 양보는 절대 없다. 이런 사람들이 투자가 잘될 리가 없는 것이다. 주식 투자를 했다면 좋은 운을 얻기 위해 어려운 사람을 돕고, 기부도 하고, 내가 손해를 좀 보더라도 눈감아주고, 사람들에게 친절도 베풀고…….

이렇게 세상에 이로운 일을 계속하면서 좋은 운을 쌓아간다면 언젠가는 큰 수익으로 보답을 받게 될 것이다.

"좋은 운을 쌓아. 좋은 운이 쌓여야만
투자 운의 덕을 톡톡히 볼 수 있어."

– 지중해 부자

지중해 부자처럼
주식 투자하라 총정리

▲ 지금까지 주식 투자의 현실을 통해 해서는 안 되는 것을 얘기했다. 그 이유는 주식 투자는 해서는 안 되는 것을 우선시해야 그다음이 있기 때문이다. 계속되는 실패나 큰 실패를 겪으면 배우기도 전에 주식 시장을 떠날 수밖에 없다.

▽ 주식 투자를 하려면 무엇보다 돈을 벌게 해준다는 갖은 유혹에 빠져서는 안 된다. 그러기 위해서는 매매를 통해 수익을 내려고 하지 말고 장기간 보유하면서 자산 증식의 개념으로 접근해야 한다.

▲ 기술적 분석이나 주식 전문가를 맹신하지 말아야 한다. 아무리 확실한 투자라 해도 대출을 받거나 레버리지를 일으키지 말아야 한

다. 너무 당연한 얘기 같지만 주식 투자의 실패는 다 여기에서 나온다. 그러면 안 되는 걸 알면서도 욕심을 참지 못하거나 누군가를 굳게 믿으면서 같은 실수를 반복하는 것이다. 성공을 기대하려면 실패를 줄이려는 노력을 먼저 해야 오랫동안 살아남을 수 있다.

▽ 주식 투자를 잘하려면 독단적인 판단은 금물이다. 내 생각이 옳을 것 같지만 주식에서만큼은 내 생각을 내려놓아야 한다. 가까운 사람과 함께 고민하고 결정을 내리면 손해 볼 건 없다.

▲ 주변에서 투자를 잘하는 사람을 계속 찾아야 한다. 당장에 없다고 하더라고 묻고 또 물어가면서 찾고 그를 만나라. 자꾸 만나봐야 투자를 잘하는 사람인지 구분할 수 있게 된다. 훌륭한 파트너를 찾았다면 그에게 자신이 도울 수 있는 일을 먼저 제시하고 그의 도움을 받아라.

▽ 부자는 투자에 급하지 않다. 성급한 투자는 실수나 실패로 이어지기 때문에 앞으로는 부자처럼 투자를 해보자. 조급한 마음을 다스리는 데 많은 도움이 될 것이다. 주식은 매매로써 돈을 버는 것이 아니라 보유하면서 버는 것이라는 점을 꼭 명심하자.

▲ 주식 투자 실패의 요인은 적은 돈으로 큰돈을 벌려는 욕심에서 비롯된다. 돈이 많을수록 수익이 크다는 점을 기억하고 오늘부터 저

축을 해라. 최대한의 종잣돈을 마련해놓고 주식 투자를 시작해도 늦지 않다.

▽ 투자로 돈 좀 벌었다고 자랑하거나 낭비를 해서는 안 된다. 다음을 위해 절제하고 현금을 모아라. 수익과 손실이 반복되는 투자의 특성상 하락장일 때 현금을 보유한 사람이 절대적으로 유리하다.

▲ 마음이 약한 사람은 주식 투자에서 먹잇감이 될 수밖에 없다. 만약 주식 때문에 힘들다면 시세를 보지 말고 책을 읽어라. 책이 눈에 안 들어온다면 나가서 빨리 걷거나 뛰어보자. 약한 마음을 키워내는 데 이만한 방법이 없다.

▽ 주식 시장은 결국 긍정적으로 투자하는 사람에게 유리하다. 당연히 하락도 반복되지만 결국 경제가 성장하는 만큼 주식 시장도 성장하기 때문에 오르는 경우가 훨씬 많다. 좋은 주식을 사서 긍정적인 마음으로 기다려라. 기다리는 것도 훌륭한 투자 전략 중에 하나이다.

▲ 좋은 운을 벌기 위해 평소의 말과 행동에 주의를 기울여라. 주식 투자는 매번 실력으로 수익을 벌 수는 없는 곳이며 운이 좌우할 때가 의외로 많다. 좋은 운은 나의 행동에서 비롯되니 지금부터 작은 운이라도 쌓는 행동을 하자. 언젠가는 큰 행운으로 찾아올 것이다.

주식 투자에 도움이 되는 팁

※ 양식은 머니앤리치스 홈페이지 자료실에서 다운받을 수 있습니다.

1. 투자 계획서

주식 투자는 사업과 같다. 사업을 하려면 자금 조달부터 매출, 이익, 거래처, 직원 등 많은 요소들을 복합적으로 관리해야 하므로 사업 계획서를 미리 작성하고 진행한다.

주식 투자도 마찬가지이다. 무작정 주식을 사게 되면 매매를 통해 수익만을 쫓게 되고, 스스로의 판단이 옳았는지 파악하기 어렵다. 장기적으로 주식 투자를 하려면 사업을 준비하는 마음으로 투자 계획서를 작성해보는 게 도움이 된다.

1. 자금 계획서(예시)

투자 총예산	5,000만 원	
자금 조달 계획	보유 현금	2,000만 원
	적금	3,000만 원(신규)

2. 저축 계획서

목표 자금	3,000만 원
저축 종류	1년 만기 자유 적금
월 저축액	100만 원
저축 기간	2년
추가 계획	분기별 상여금의 1/2을 추가 저축

3. 수익금 통장

날짜	종목	수익금	통장 잔액	금융 기관
1월 20일	삼성전자	600,000	600,000	국민은행
2월 23일	카카오	1,100,000	1,700,000	국민은행
5월 16일	LG화학	800,00	2,500,000	국민은행
7월 23일	셀트리온	500,000	3,000,000	국민은행

4. 매매 계획서(예시)

종목	카카오		
총예산	1,000만 원		
투자 이유	카카오페이와 모빌리티의 높은 성장세		
	톡보드 광고의 성장에 대한 확신		
	주요 증권사에서 적정 주가 상향 조정		
시가 총액	22조 8,356억	배당금(주당)	127(2019)
외국인 보유율	31.32%	배당 수익률	0.05%(2019)
최근 1년 최고가	279,500	최근 1년 최저가	117,500
실적	올해(예상)	전년도	전전년도
매출	38,122	30,701	24,170
영업 이익	4,177	2,068	729
영업 이익률	10.96	6.73	3.02

매수 계획	1차 매수(50%)	2차 매수(30%)	3차 매수(20%)
날짜	가격 충족 시	가격 충족 시	가격 충족 시
가격	200,000	180,000	160,000
매도 계획	1차 매도(50%)	2차 매도(30%)	3차 매도(20%)
가격	300,000	350,000	400,000
투자 유형	단기	중기	장기
참고 사항	200,000원이 올 때까지 기다릴 것		
	추가적 하락 시 추가 매수		
	5년 정도 장기 투자		

2. 투자 포트폴리오

우리 회사의 투자 포트폴리오는 장기 투자 50, 단기·중기 투자 30, 현금 20 비율로 나누어져 있다. 장기 투자의 비율은 고정되어 있지만 중기 투자와 현금 비율은 시장 상황에 따라 수시로 변화를 준다. 이 방식은 지중해 부자의 투자 회사에서 배운 것이다. 이 모델을 도입한 이래 매년 마이너스 수익을 낸 적이 없다.

투자 자산의 50% 비중을 차지하는 장기 투자는 어떤 식으로 종목을 선정할까? 지중해 부자가 말하는 장기 투자 결정 요인은 바로 '5년 이후'라는 명제에서 나온다.

"앞으로 5년 후에 어떤 일이 벌어질지를 상상해보고, 가능성을 충분히 조사한 후에 가장 좋은 회사를 지금부터 사는 거야."

앞으로 5년 이후에 어떤 일이 벌어질까? 각자 상상을 해보자. 영화에서 힌트를 얻어도 좋고, 미래를 예측하는 책을 읽어도 좋다. 그가 의료용 로봇 회사에 투자한 것도 이러한 상상력에서 나온 것이다. 로봇 청소기를 시작으로 의료용 로봇과 음식을 만드는 로봇까지 미래에는 로봇이 생활 곳곳을 누빌 것이다.

세계적으로 큰 사건이 발생되면 반드시 산업의 변화가 생긴다는 점도 주목할 필요가 있다. 과거의 산업 혁명을 통해서 수공업에서 공장 산업으로 변화가 되었고, 2차 세계 대전은 미국을 농업 국가에서 세계 최대의 군수 산업 국가로 만드는 역할을 했다.

과거 중국에서 사스가 발병하여 큰 인명 피해를 입었을 때도 산업의 변화가 이루어졌다. 온라인 관련 산업이 급속도로 퍼진 것이다. 외출을 통제하다 보니 집에서 쇼핑을 하거나 교육을 듣거나 게임을 하면서 해당 산업이 성장하는 계기가 된 것이다. 이때 가장 크게 성장한 회사가 잘 알려진 알리바바와

텐센트이다. 사스가 없었다면 이들 회사가 성장하는 데 오랜 시간이 걸렸을 것이다.

비슷한 맥락으로 2020년 전 세계에 닥친 코로나19라는 전염병으로 인해 어떤 산업이 성장할지 상상해보자. 학교를 못 가고, 회사를 못 가고, 집에서 공부를 하거나 일을 한다. 그러면 재택 수업과 재택 근무라는 새로운 환경이 자리 잡게 된다. 집에서 수업을 듣고 일을 하려면 온라인 시설을 갖추어야 한다. 주춤했던 온라인 시설 관련한 통신 회사와 컴퓨터 제조, 장비, 유통하는 회사에 새로운 성장이 시작되는 것이다.

또 다른 상상은 무인 자동차의 시대이다. 아직은 시기상조라는 말이 있지만 테스트가 완성되면 급속도로 퍼질 수 있기 때문에 잘 지켜볼 필요가 있다. 잠이 덜 깬 상태에서 운전을 하고 출근을 한다는 건 곤혹스러운 일이다. 옆집은 무인 자동차를 이용해 잠을 자면서 편안하게 출근하는 모습을 본다면 누구나 사고 싶어지게 된다. 술을 마음껏 마실 수도 있고, 자면서 퇴근을 할 수도 있다. 그럼 운전을 하지 않는 차 안에서는 무엇을 할까? 영화를 볼 수도 있고 게임도 할 수 있다. 무인 자동차를 만드는 회사보다 그 안에서 즐길 거리를 만드는 회사가 더 성장하는 것이다.

이런 식으로 상상을 통해서 가능성을 검토해보고 그런 제품을 연구하거나 개발하고 있는 회사를 미리 사두는 것이다. 이는 5년 정도의 투자 기간을 두고 투자해야 한다. 5년 이후에도 그 회사가 계속 성장 중이라면 주식을 계속 보유하면 된다.

장기 투자는 매매를 통해서 수익을 얻는 것이 아니라 주식을 보유하면서 평가액을 늘리는 투자 방식이다.

장기 투자에 관심 기업을 매수하는 팁

섣부르게 매수를 하는 것보다 시간을 두고 매수하는 것이 투자의 성과를 높이는 데 효과적이다.

가령 카카오라는 주식에 관심이 생겼고, 앞으로 매수할 계획이라면 일단 1주만 사자. 1주를 사게 되면 주식 계좌에 보유 종목으로 확인되면서 주가 추이를 관찰할 수 있다. 지금이 매수 최적이라는 생각이 들겠지만 외부 환경의 영향으로 떨어질 기회가 반드시 생긴다. 외부에서 들은 정보라면 특히 그렇다. 나만 들은 게 아니라 셀 수도 없을 만큼 많은 사람들이 들었기 때문에 주가는 상승할 가능성이 크다. 이때는 지켜만 봤다가 매수가 잦아지고 주가가 떨어질 때마다 추가적으로 매수를 한다.

적정 가격

주식의 정확한 적정 가격을 산출하기란 불가능하다. 흔히 실적을 바탕으로 자기자본이익률(ROE)이나 주가수익비율(PER) 등을 계산해서 저평가되어 있는지를 파악하는데, 주가는 실적만으로 움직이는 게 아니기 때문에 이런 계산법은 참고용으로만 사용하길 바란다.

우리 회사에서는 여러 가지 조건식으로 적정 가격을 산출하지만 개인들이 계산하기엔 복잡하다. 그래서 간단한 방법을 소개하겠다. 최근 1년간의 최고 가격과 최저 가격을 더해서 2로 나누는 것이다.

예를 들어, 카카오의 최근 1년의 최고 가격은 27만 9,500이고, 최저 가격은 11만 7,500원이다.

$$카카오 \ (279,500+117,500) \div 2 = 198,500원$$

대략 2만 원 정도를 적정 가격이라고 정하고 이 가격이 올 때까지 기다렸다가 매수를 하는 것이다. 이는 무척 간단한 방법인데, 우리 회사에서 복잡하게 계산한 가격과 거의 흡사해서 놀랄 때가 많다.

이렇게 낮은 가격이 오겠냐고 반문하겠지만 올 수도 있고,

안 올 수도 있다. 코로나와 같은 사태로 급락이 온다면야 금세 오겠지만 해당 산업이나 갖은 경제적 이슈로 언젠가 올 수 있다. 만약 오지 않고 계속 오르기만 한다면 나의 주식이 아니라고 생각해야 한다. 장기 투자에서 비교적 높은 가격에 사는 것은 수익보다는 손실의 가능성이 크기 때문에 아무리 좋은 주식이라도 적정 가격 이상으로 매수하는 것은 추천하지 않는다.

단기 투자와 중기 투자는 일 년 이내의 투자 기간을 두고 매매를 한다. 예상했던 매도 가격이 언제 발생될지 모르기 때문에 단기가 될 수도 있고 중기가 될 수도 있다.

우리 회사는 여러 방식을 통해 종목을 선정하지만 개인들은 쉬운 방법으로 계절성 투자를 추천한다. 주식은 반복되는 패턴이 발생되기도 하는데 계절성 주식이 그러하다.

계절성 주식이란 여름에는 에어컨이나 음료, 아이스크림과 관련된 주식이고, 봄과 가을에는 황사나 미세 먼지 관련 주식, 그리고 겨울에는 보일러와 난방 관련 회사들처럼 특정 계절에 매출과 이익이 급증하는 회사를 말한다.

이렇게 반복되는 계절을 이용하여 투자를 하려면 매수 시점이 중요하다. 무조건 여름이 다가왔다고 사는 게 아니라 싸게 사는 게 핵심이다. 싸게 샀다가 해당 계절을 앞두고 주가가 오르면 매도를 하는 게 계절성 투자의 방법이다.

그럼 언제 가장 싸게 살 수 있을까? 대체적으로 여름에 관련된 회사라면 겨울이 시작되는 11월과 12월이 가장 적기이다. 수영복이 가장 쌀 때가 언제인지를 생각해보면 이해가 될 것이다. 반대로 겨울 관련한 회사는 모피 코트를 가장 싸게 살 수 있는 6월과 7월에 가격이 낮게 형성된다. 이 시기에 주식을 싸게 사서 본격적인 계절이 시작되는 시점에 매도를 하면 된다. 여름 관련 회사는 6월이나 7월, 겨울 관련 회사는 11월이나 12월에 주가가 오르면 매도를 한다.

이때 중요한 건 계절 용품을 판매하는 회사라고 해서 무작정 매수하지 말고, 매출의 기복이 심하거나 적자를 내고 있는 회사는 피해야 한다. 계절주 중에서도 우량한 회사 몇 개를 관심 있게 보았다가 그 시기가 되었을 때 매매하면 된다.

투자 포트폴리오(예시)

	종목	매수 가격(원)	예상 매도 가격(원)	예상 보유 기간	보유 비중
장기	삼성전자	52,000	80,000	5년	10%
	카카오	180,000	400,000	5년	10%
	LG화학	340,000	500,000	5년	10%
	삼성SDI	290,000	500,000	5년	10%
	셀트리온	200,000	500,000	5년	10%
	보유 비중 합계				50%
	종목	매수 가격(원)	예상 매도 가격(원)	예상 보유 기간	보유 비중
중기 (단기)	테스	20,000	30,000	1년 이내	5%
	에스앤에스텍	21,000	30,000	1년 이내	5%
	한화시스템	12,000	15,000	1년 이내	5%
	씨젠	115,000	140,000	1년 이내	5%
	신한지주	38,000	45,000	1년 이내	5%
	이마트	105,000	130,000	1년 이내	5%
	보유 비중 합계				30%
	금융기관	종류	잔고(원)		
현금	국민은행	수익금 통장	3,000,000		
	신한은행	자유 적금	5,500,000		
	합계		8,500,000		

3. 투자 결정 질문 10가지

투자를 결정할 때 독단적인 결정을 멀리하고 객관적인 입장에서 판단하려면 다음의 질문에 성의껏 답을 작성해보자. 많은 도움이 될 수 있다. 생각만으로 결정을 내리면 한쪽으로 치우칠 가능성이 높다. 우리 회사는 30가지의 항목이 있지만 그중 핵심적인 10가지만 소개한다.

1. 삼성전자보다 좋은 이유 3가지는?	
2. 최근 3년간 매출과 영업 이익이 상승을 하고 있는가?	
3. 향후 5년간 성장할 산업 분야에 속해 있는가?	
4. 외국인과 기관의 보유량은 계속 증가하고 있는가?	
5. 독점적인 기술이나 제품이 있는가?	
6. 주요 거래처는 어디이며 국내와 해외의 매출 비중은 어떠한가?	
7. 주요 경쟁 회사는 어디인가?	
8. 주식 담당자는 친절하게 답변을 해주는가?	
9. 최근 1년간의 최고가와 최저가 대비 현재 어느 수준의 가격인가?	
10. 파트너(가족)의 의견은 어떠한가?	

4. 공모주 투자

공모주란 새롭게 주식 시장에 들어오는 새내기를 말하며, 기업이 주식 시장에 본격적으로 상장하기 전에 주주들을 미리 공개 모집하는 주식을 말한다.

공모주 상장 당일, 증시가 시작되기 전인 8시부터 공모주 주관 증권사 영업점엔 머리가 희끗희끗한 나이 많은 분들로 북적거린다. 아침 일찍부터 무슨 투자를 하려고 이렇게 일찍부터 증권사를 오는가 했더니 모두 공모주 투자를 하는 분들이었다.

돈이 많은 자산가들이 비교적 안전하게 수익을 낼 수 있는 것으로 소문난 공모주에 대해서 알아보자.

A라는 기업은 사업이 잘되어서 코스닥에 상장을 하고 싶어한다. 기업이 상장을 하는 이유는 주식 발행으로 인한 자금을 조달하기 위함인데, 은행에서 돈을 빌리면 담보가 있어야 하고 이자를 내야 하는 부담이 생긴다. 또 언젠가는 갚아야 할 부채가 되지만 주식 발행은 그런 부담 없이 큰 자금을 조달할 수 있다. 상장에 성공하여 막대한 자금이 들어오면 공장을 증설하기도 하고, 생산 시설 장비를 구입하기도 한다. 부채를 갚

거나 신제품을 개발하는 데에도 사용된다.

A기업이 상장을 하기 위해서는 주관 증권사를 선정해야 한다. 증권사는 A기업의 사업 내용과 재무 상태 등을 파악해보고 상장 가능성이 있으면 주관사 계약을 체결하여 상장과 관련된 업무를 위임받게 된다. 이렇게 주관사 계약이 체결되면 장외 주식 시장에서 관심을 받기 시작한다.

주관사 계약을 체결한 증권사는 A기업에 상장 담당자를 보내서 상장 요건을 갖추도록 매출, 영업 이익, 부채 등의 관리를 시작한다. 상장 요건이 갖춰졌다면 한국 거래소에 상장 적격 심사 청구를 하고 한국 거래소로부터 승인을 받으면 상장의 문턱까지 온 것이다.

이제부터는 A기업의 가치를 따져야 한다. 그래야 주식 가격을 정할 수 있게 된다. 주식 가격은 상장되어 있는 기업 중에 A기업과 유사한 사업을 하는 회사 몇 곳과 비교하여 적정 가격을 산출하고, 실제 가치보다 통상 10~30% 정도 할인된 가격으로 희망 공모가 범위를 정한다. 할인을 하는 이유는 저렴한 가격에 주식을 살 수 있도록 기관과 개인 투자자를 모집하기 위해서이다. 이렇게 할인된 가격으로 주식을 살 수 있다는 점이 공모주 투자의 가장 큰 매력이다.

A기업은 기관 투자자를 대상으로 기업 설명회를 열고 수요

예측 조사를 거쳐 확정된 공모가를 정하게 된다. 공모 주식은 대개 기관 80, 개인 20의 비율로 나누어 배정이 된다.

개인 투자자는 확정된 공모 가격에 청약을 할 수 있고, 증거금(주관 증권사 계좌에 넣을 돈) 대비하여 경쟁률대로 주식을 받게 된다. 일주일 정도가 지나면 상장을 하는데, 상장 당일 워낙 많은 사람들이 매매에 참여하는 까닭에 주가는 급등락을 반복한다. 그래서 처음 시작하는 시초가에 매매하는 것을 추천한다.

남들이 하니까 나도 한다는 생각으로 무작정 공모주에 투자하면 자칫 손실로 이어질 수 있기 때문에 투자에 앞서 몇 가지는 살펴보고 공모주에 투자하는 것이 좋다.

1. 공모 가격 산정 근거

공모 가격이 높게 책정될 경우 상장 이후 주가가 하락하는 등 손해가 발생할 수 있다. 공모 가격 산정 근거는 금융 감독원 전자 공시 시스템(http://dart.fss.or.kr)에서 확인해볼 수 있다.

- 금융 감독원 전자 공시 시스템에 접속
- 회사명 입력, 기간 설정 후 발행 공시
- 수요 예측 후 제출되는 정정 투자 설명서

- 제1부 모집 또는 매출에 관한 사항 → I. 모집 또는 매출에 관한 일반 사항 → 공모 가격 결정 방법에서 내용 확인

2. 기관 투자자 대상 수요 예측 결과

기관 투자자로부터 수요 예측 조사를 한 결과 경쟁률이 높을수록 상장 일 공모가보다 높게 나타나는 경향이 있으니 반드시 수요 예측 결과를 확인하기 바란다.

38커뮤니케이션(http://www.38.co.kr/) IPO 공모 수요 예측 결과에서 확인.

3. 청약 경쟁률 현황

수요 예측과 더불어 청약 경쟁률이 높을수록 상장 일 공모가보다 높게 형성되는 경우가 많다. 그래서 해당 주관 증권사에 자동 응답 전화를 통해 실시간으로 청약 경쟁률을 확인하면서 선정하는 게 좋다. 청약 마지막 날 마감을 1시간 정도 남은 시점에 확인해서 경쟁률이 높은 종목에 투자하는 것도 방법이다.

최근 1년간 공모주 매매 현황(2019년)

(시초/공모 기준)

종목	신규 상장일	공모가	시초가	수익률
웹케시	1.25	26,000	31,700	21.9%
노랑풍선	1.30	20,000	30,350	51.8%
이노테라피	2.01	18,000	22,200	23.3%
천보	2.11	40,000	52,500	31.3%
셀리드	2.20	33,000	43,750	32.6%
에코프로비엠	3.05	48,000	61,100	27.3%
드림텍	3.14	13,000	17,350	33.5%
미래에셋벤처투자	3.15	4,500	6,150	36.7%
이지케어텍	3.22	12,300	24,600	100.0%
지노믹트리	3.27	27,000	29,450	9.1%
현대오토에버	3.28	48,000	75,500	57.3%
아모그린텍	3.29	9,900	10,300	4.0%
에스앤케이	5.07	40,400	36,400	−9.9%
컴퍼니케이파트너스	5.23	4,500	8,200	82.2%
수젠텍	5.28	12,000	11,150	−7.1%
마이크로디지탈	6.05	23,000	41,050	78.5%
까스텔바쟉	6.10	12,000	17,000	41.7%
압타바이오	6.12	30,000	50,200	67.3%
에이프로더블류	7.01	22,500	28,000	24.4%
펌텍코리아	7.04	190,000	171,000	−10.0%
아이스크림에듀	7.11	15,900	14,350	−9.7%
세클뱅크	7.12	55,000	49,500	−10.0%

플리토	7.17	26,000	31,600	21.5%
에이스토리	7.19	14,300	12,900	−9.8%
대모	7.24	5,200	8,710	67.5%
윌링스	7.25	12,500	22,800	82.4%
세경하이테크	7.30	35,000	33,250	−5.0%
한국바이오젠	8.01	6,000	12,000	100.0%
슈프리마아이디	8.01	27,000	34,750	28.7%
덕산테코피아	8.02	19,000	17,100	−10.0%
코윈테크	8.05	34,500	31,050	−10.0%
그린플러스	8.07	10,000	11,150	11.5%
레이	8.08	20,000	25,150	25.8%
에스피시스템즈	8.14	4,900	9,800	100.0%
나노브릭	8.19	16,000	14,400	−10.0%
마니커에프앤지	8.20	4,000	8,000	100.0%
네오크레마	8.22	8,000	9,530	19.1%
한독크린텍	9.05	15,100	24,500	62.3%
라닉스	9.18	15,100	24,500	62.3%
올리패스	9.20	20,000	30,600	53.0%
녹십자웰빙	10.14	11,300	11,900	5.3%
아톤	10.17	43,000	46,050	7.1%
라온피플	10.18	14,000	13,300	−5.0%
팜스빌	10.22	14,000	16,800	20.0%
엔바이오니아	10.24	8,200	10,700	30.5%
케이엔제이	10.25	11,000	15,700	42.7%
캐리소프트	10.29	9,000	12,100	34.4%

지누스	10.30	70,000	73,500	5.0%
롯데리츠	10.30	5,000	5,000	0.0%
티라유텍	10.31	12,050	24,100	100.0%
미디어젠	11.05	10,600	11,250	6.1%
자이에스앤디	11.06	5,200	6,650	27.9%
아이티엠반도체	11.07	26,000	26,750	2.9%
라파스	11.07	20,000	19,950	-0.3%
한화시스템	11.13	12,250	11,600	-5.3%
제테마	11.14	21,000	20,100	-4.3%
에스제이그룹	11.18	38,600	43,500	12.7%
현대에너지솔루션	11.19	18,000	18,200	1.1%
우양	11.20	4,200	6,060	44.3%
코리아에셋투자증권	11.20	10,000	9,900	-1.0%
씨에스베어링	11.21	8,400	8,400	0.0%
티움바이오	11.22	12,000	11,800	-1.7%
센트랄모텍	11.25	6,000	7,650	27.5%
노터스	11.27	20,000	29,750	48.8%
코리아센터	11.29	18,000	23,000	27.8%
엔에이치프라임리츠	12.05	5,000	5,000	0.0%
리메드	12.06	13,000	14,100	8.5%
태웅로직스	12.10	4,500	8,170	81.6%
제이엘케이인스펙션	12.11	9,000	8,500	-5.6%

* 증거금 1억 원을 모든 공모주에 투자했을 때 최근 3년간 10~15%의 수익이 발생하는 것으로 추정된다. 이는 증권사마다 고객 등급별로 배정되는 주식 수가 다르기 때문이다. 정확한 수익률을 구하는 건 불가능하니 참고만 하길 바란다.

공모주 투자 기록지

공모주 투자에 관심이 있다면 공모주 청약을 하기 전, 아래의 양식을 기록하면서 분석해보자. 좋은 공모주를 선정하는 실력을 키울 수 있다.

종목명			
업종		시장 구분	코스닥/코스피
희망 공모가		확정 공모가	
시가 총액		공모 금액	
수요 예측 경쟁률		청약 경쟁률	
총 상장 주식 수		공모 주식 수	
장외 가격		주관 증권사	
청약일		납입일	
환불일		상장일	
투자 의견			

머니앤리치스

나는 처음부터 경제나 자산 관리에 대해 배우거나 관련된 직업을 가진 사람이 아니었다. 평범한 회사원이었고, 돈을 모아서 자산을 늘려가는 과정이 주변에 알려지면서 직업이 바뀌게 되었다. 2011년 경제 교육을 위한 머니앤리치스를 설립했는데 어느새 10년이란 세월이 흘렀다. 그동안 머니 세미나에 참석한 사람은 500명이 넘고, 개인 상담자는 100명이 넘는다. 강연을 들은 청중은 100만 명이 넘을 것이다. 부족한 사람으로서 그들에게 약간이라도 도움을 줄 수 있기에 지금의 일을 사랑한다.

경기도의 한 아동 보육원에서 부모의 도움을 못 받는 아이들을 위해 경제 교육을 해달라며 전화가 왔었다. 그런 경험이 없던 터라 무척 당황하는 찰나, 전화를 건 선생님은 아이들은 법규상 고등학교까지만 보육원에서 지낼 수 있기 때문에 졸업을 하면 강제적으로 보육원을 나가야 한다고 했다. 이때 국가에서 자립금으로 500만 원이 지급되는데, 이 돈 때문에 그동안 연락이 두절되었던 부모들이 찾아온다고 했다. 참고로 보육원의 아이들은 부모가 없는 경우보다 있는 경우가 훨씬 많다. 보육원을 찾아온 부모들은 앞으로 자신이 자녀를 보호할 테니 500만 원을 달라고 요청하고, 오랜만에 부모를 만난 아이들은 거절을 못 한 채 부모에게 돈을 맡기게 된다. 부모는 하나같이 그 돈을 갖고 연락도 없이 사라진다고 했다.

그럼 아이들은 어디로 가야 할까? 대학 진학을 미루거나 포기한 채 숙식을 제공하는 일터를 찾느라 고생을 하기도 하고 몇몇은 유흥업소에 발을 들이거나 친구들끼리 모여서 살다가 나쁜 길로 빠지기도 한다. 이런 과정을 안타깝게 지켜보던 선생님은 부모에게 돈을 주지 말라고 얘기를 하지만 아이들은 대개 부모에게 돈을 맡기는 선택을 한다며 자산 관리 전문가인 나에게 경제 교육을 부탁을 했다.

이때부터 보육원 아이들과 인연이 되었다. 수시로 찾아가서 경제 얘기를 해주고, 밥도 먹고 같이 놀기도 했다. 여름 방학엔

강화도의 큰 연수원에서 대규모로 아이들에게 경제 교육도 했다. 이들은 만나보면 하나같이 예쁘고 착한 아이들인데 부모의 사랑과 관심을 받지 못해 자존감이 낮은 편이었다. 어려운 경제 상황을 변화시킬 수 없다는 고정관념으로 가득 차 있어서 무슨 말을 해도 설득하기가 어려웠다. 그래서 결정했다. 이 아이들을 어릴 때부터 교육해 온전한 성인으로 거듭나는 데 도움을 주겠다고.

그게 어디 말처럼 쉬울까? 그동안 10권의 책을 내면서 인세를 제법 받았지만 개인적으로 그 돈을 써본 적이 없다. 강연을 비롯한 수입은 먹고살 정도만 제외하고 모두 무료 경제 교육에 썼다. 그러다 보니 나의 자산은 줄어들었고 아이들을 돕는 데도 한계가 왔다.

도움을 받고자 지방 자치 단체와 대기업에 제안서를 보내고 설명회를 했다. 소외 계층 아이들을 위한 경제 교육을 하는 데 도움을 달라고 했다. 경기도와 모 대기업에서 후원을 받았지만 모두 이자를 포함해서 갚는 조건이 덧붙여졌다. 후원이 아니라 창업하는 데 쓰라고 빌려준 것이었다.

그 방식으로 경제 교육을 이어나갈 순 없었다. 결국 내가 많이 벌어서 무료 경제 교육을 하겠다고 다짐했다.

첫 번째 저서인 《부자 통장》이 인기를 끌었을 때 시각 장애인 협회에서 강연 요청이 왔다. 시각 장애인을 위한 경제 교육을 진행했는데, 이분들의 상황도 어렵긴 마찬가지였다. 장애를 가지고 있는 이들은, 은행을 이용하는 데 불편함을 겪다 보니 주로 현금을 가지고 다니다가 강도를 만나기 일쑤였다. 서울의 시각 장애인 복지관을 돌며 그들에게 필요한 경제 교육을 했다.

머니앤리치스를 설립한 2011년부터 지금까지 아동 복지관과 시각 장애인을 위한 무료 경제 교육은 계속되고 있다. 앞으로는 범위를 넓혀 전국적인 교육으로 확장하는 게 꿈이자 목표이다.

머니앤리치스 경제 연구소

머니앤리치스 산하의 경제 연구소는 주식 투자를 연구하는 곳이다. 주식 투자에 대한 문의와 강의 요청이 많아 설립한 곳인데, 주식 종목을 알려달라는 사람들이 많아 종목을 공개를 했다. 본문에 설명한 장기 투자 종목이 아닌 단기, 중기 종목을 공개한 것이다.

한동안은 무료로 공개를 했지만 지금은 유료로 전환했다. 그 이유는 경제 연구소에서 일하는 직원들의 인건비와 무료 경제 교육을 위한 더 많은 자금을 확보하기 위해서이다. 인건비를 제외한 모든 금액은 재원 마련에 사용되고 있다. 주식 투자에 관심 있는 분들이 머니앤리치스 경제 연구소에서 제공하는 정보에 지불한 대가는 경제 교육을 받는 아이들과 시각 장애인들에게 고스란히 돌아가는 것이다.

내가 바라는 세상

내가 꼭 이루고 싶은 경제 교육은 부모가 없는 아이들에게 경제 교육과 자립금을 마련해주는 것이다. 머니앤리치스에서 진행하는 교육을 잘 이수하는 몇몇의 학생에겐 10살부터 별도의 자립금 통장을 만들어 1년에 1,000만 원씩 입금해준다. 이 통장은 성인이 되었을 때 사용이 가능한 자립금 통장이다.

성인이 될 때까지 10년간 경제 교육을 잘 이수한 학생은 자립금으로 1억 원을 받게 된다. 그 돈을 발판 삼아 사회에 진출한 학생들은 대학을 가거나 유학을 가기로 하고, 장사를 하고 싶은 아이들이라면 창업을 빨리 시작할 수 있게 된다. 매년 교육을 받으면서 경제 지식도 쌓고, 자립금 통장을 보면서 도전 의식이 점차 생기게 될 것이다. 보육원을 떠날 걱정을 하는 게 아니라 성인이 되어 자신의 꿈을 좇을 수 있다는 희망을 갖게 될 것이다.

매년 잘 성장한 아이들이 사회에 나와 안정적인 삶을 살고, 그동안 받은 혜택을 다른 아이들에게 나누면서 좋은 대물림을 이어나가는 것. 이것이 내가 바라는 세상이다.

마지막으로 집필했던 어린이 경제 동화《또봉이 시리즈》는 이 아이들을 위해 쓴 책이고, 다음과 같은 내용을 담아냈다.

'앞으로 나는 할 일이 많다. 돈도 많이 벌어야 하고, 교육도 많이 해야 하고, 회사도 성장시켜야 한다. 독자 여러분도 일에서든 투자에서든 많은 돈을 벌어 주변에 어려운 이들에게 힘을 실어주는 그런 멋진 삶을 이루길 바란다.'

지금도 이같은 생각에는 변함이 없다. 부족한 책이지만 끝까지 읽어주셔서 감사하다.

지중해
부자처럼
주식
투자하라

1판 1쇄 인쇄 2020년 8월 10일
1판 1쇄 발행 2020년 8월 20일

지은이 박종기
일러스트 니나킴(@ninakim89)

발행인 양원석 **편집장** 차선화
디자인 남미현, 김미선 **영업마케팅** 양정길, 강효경, 정다은

펴낸 곳 ㈜알에이치코리아
주소 서울시 금천구 가산디지털2로 53, 20층 (가산동, 한라시그마밸리)
편집문의 02-6443-8861 **도서문의** 02-6443-8800
홈페이지 http://rhk.co.kr
등록 2004년 1월 15일 제2-3726호

© 박종기 2020

ISBN 978-89-255-8994-7 (03320)